CHINA LAW EDUCATION RESEARCH

教育部高等学校法学类专业教学指导委员会
中国政法大学法学教育研究与评估中心 主办

中国法学教育研究2014

第4辑

主　　编：黄　进
执行主编：曹义孙
副 主 编：李树忠

中国政法大学出版社
2014・北京

图书在版编目（CIP）数据

中国法学教育研究. 2014. 第4辑/黄进主编. —北京:中国政法大学出版社，2014.12
ISBN 978-7-5620-5755-0

Ⅰ.①中… Ⅱ.①黄… Ⅲ.①法学教育—中国—文集 Ⅳ.①D92-4

中国版本图书馆CIP数据核字(2014)第281846号

出版者　中国政法大学出版社
地　址　北京市海淀区西土城路25号
邮寄地址　北京100088信箱8034分箱　邮编100088
网　址　http://www.cuplpress.com (网络实名: 中国政法大学出版社)
电　话　010-58908524（编辑部） 58908334（邮购部）
承　印　固安华明印业有限公司
开　本　650mm×960mm　1/16
印　张　12.25
字　数　160千字
版　次　2014年12月第1版
印　次　2014年12月第1次印刷
定　价　29.00元

目 录

CONTENTS

百花园

目 录

CONTENTS

Legal Education

Curriculum and Teaching

Spring Garden

法学教育

LEGAL EDUCATION

民族法律人才培养模式的创新与探索

——基于我国高等法学教育的功能定位

◎ 张泽涛　段　威*

近些年来，我国高等法学教育的成败、废立、改革等问题，成为社会各界广泛关注的热点问题，[1]专家学者、实务部门、社会人士纷纷发表意见：有学者认为，法学教育规模之大，已经超过了现有法律人才市场可以接受的数量；[2]也有学者认为，“我国法学教育的规模不

---

* 张泽涛，男，教授，博士生导师，中央民族大学法学院院长；段威，男，副教授，中央民族大学法学院副院长。

〔1〕 其中一个很重要的原因，就是随着高等法学教育规模的急剧扩张，法科学生的专业素养却不能很好地满足法律实务部门的需求，相应地，近些年来，法科学生的就业状况也极不乐观。例如，由北京大学公共政策研究所与共青团中央学校部联合主办的2006年中国大学生就业状况调查结果显示，法学专业学生的总体就业水平为37.85%，低于人们的预期，被视为冷门的哲学和历史学专业的学生总体就业水平分别达到40.35%和51.85%。耿军：“2006年大学生各专业就业率情况调查：农学最高医学最低”，载 http：//www.southen.con/news/community/shzt06/dxsjy/jyzł/200610120803.html.

〔2〕 王晨光：“中国法学教育结构失调及对策”，载法学创新网，http：//lawinnovation.com/html/zgfx50rlt/8600.shtml.

是过大，法律专业人士不是过剩。现有的法学教育仍不能满足日益发展的法治建设的需要，法学教育仍需适度稳步地发展”[1]；更有学者认为，法学本科专业是“扯淡专业”[2]，在本科阶段不宜设置法律专业[3]。实际上，法科学生就业差强人意乃至令人悲观的现状，似乎不能成为法科学生供大于求的简单依据，更绝非讨论法学学科应否存在乃至取消的适当理由；事实上，国人健全法律意识的普遍欠缺，相应职业人员法律素质的普遍较低，均表明我国的法学教育应得到加强，而不是削弱。[4]目前亟需解决的问题是，在对我国高等法学教育的功能定位进行充分研究与准确界定的基础上，如何创新法律人才培养模式，改善高等法学教育“供”的现状，顺应实践法律职业“求”的需要，最大程度地改善法科学生的就业状况。

一、我国高等法学教育的功能定位

重塑传统法学教育目标，创新法律人才培养模式，似已在我国各界达成共识，惟在诸多具体问题上，如朝着什么方向、走怎样的路，仍是众说纷纭，存在意见分歧。一方面，法学教育必须以法律实践的需要为依托，主要考虑满足受教育者以及社会的需求，而非满足教育者（大学、教授）自身的期望。[5]但须注意的是，不应以法科学生的事业成功率作为判断法学教育成功与否的

〔1〕 赵相林：“对法学本科教育改革的几点思考”，载《中国高等教育》2002年第7期。

〔2〕 代晓琳、韩娜：“部分本科专业酝酿取消”，载《北京晨报》2006年7月18日，第2版。

〔3〕 薛勇：“考大学报什么专业好”，载《东方早报》2006年6月29日，第5版。

〔4〕 段威：“高等法学教育中模拟法庭的理性分析”，载《中央民族大学本科教学研究》第6辑，第259页。

〔5〕 方流芳：“中国法学教育观察”，载贺卫方：《中国法律教育之路》，中国政法大学出版社1997年版；葛云松：“法学教育的理想”，载《中外法学》2014年第1期。

主要乃至于唯一标准。[1]另一方面，法律发达、先进国家法学教育的经验与做法值得我国法学教育参考、借鉴，但须注意的是，参考须全面，借鉴须有度，一切应以适于我国基本国情，助于设定并实现我国法学教育目的为准则。具体到我国高等法学教育的功能定位上，集中于以下两个主要问题：

（一） 通识教育？专（职）业教育？

这似乎是一个老生常谈的问题，论者也早就发表了各种意见：法学本科阶段主要是通识教育，本科毕业生不能直接从事法官、检察官和律师等法律职业，而需要经过法律职业界所举办的职业培训和统一的司法考试；[2]法学教育应立足于培养法律职业者，目标在于让学生获得多种法律职业都必须具备的能力，实质就是一种高等职业教育；[3]法学教育具有通识教育和职业教育的二元性特征，既包括通识教育，又包含职业教育，通识教育和职业教育相对独立又相互关联。[4]

实际上，一方面，通识教育与专（职）业教育的共存具有必然性，也是相当数量的专业教育内生的、固有的双重目标，法学教育尤其明显。如德国 Dr. von Kuhlberg 认为，不应将“专业化”摆在第一位，而应加强法律系学生之“一般基础知识（Allgemeinwis-

---

〔1〕 有论者认为，一方面，一个好的法学院，应该是能够给学生提供较高的成才率和事业的成功率。另一方面又指出，非正规化的法学教育，受教育者一开始就只是把法律当作未来谋职求生的一种手段，在其起步的法律意识中，法律是被当作工具来对待的。同时又主张，高水平的法学院应当同时担负五大使命：培养治国理政和从事法律职业的杰出人才；改善对正义的管理，营造社会的价值观；创新法学理论和思想，以指引法治实践；补漏社会付阙和改革完善制度，为国家、社会和公民提供优质的法律服务；营造和弘扬法治文化，推动社会成员把法治作为稳定的生活方式。徐显明：“中国法学教育的发展趋势与改革任务（二）”，载法学创新网，http：//lawinnovation. com/html/zgfx50rlt/7301. shtml. 作为一名法科学生，何谓成才，何谓事业成功，又与其接受的法学教育有何关系，似不应做简单的判断！

〔2〕 增令良：“统一司法考试与我国法学教育发展的定位”，载《法学评论》2002 年第 1 期。

〔3〕 顾海波：“法学教育模式的转轨”，载《辽宁教育研究》2003 年第 4 期。

〔4〕 霍宪丹：“法律职业的特征与法学教育的二元结构”，载《法律适用》2002 年第 4 期。

sen)”。汉萨联盟高等法院院长 Rapp 亦强调一般基础知识对于法律系学生之重要性。[1]通识教育有助于提升一国国人的法律意识，丰富一国国人的法律知识，同时为专（职）业教育奠定了坚实的基础；专（职）业教育有助于训练法律专业人士的法律思维，培养法律专业人士的法律技能。我国也有学者指出，在中国，由于基础教育的质量低劣，大学阶段更需要进行通识教育。其实，通识教育对于法科学生来说更加必要。对于法律从业者来说，通识教育甚至就是专业教育的有机组成部分。[2]另一方面，通识教育与专（职）业教育的比重具有历史性，不同国家、地区在不同的历史时期，可能基于不同的历史传统、价值观念、法律制度及现实需要等，在法学教育中对通识教育与专（职）业教育的侧重有所不同。随着我国法学教育规模不断扩大、国人法律意识不断健全、法律专业人员素质不断提升，专（职）业教育在高等法学教育中的比重将有所加强，这是我国现代法学教育目的的内在需求，但是这并不能从根本上否认通识教育在高等法学教育中的地位。

必须说明的是，强调通识教育在法学教育中的重要性，绝不意味着对我国现行高等法学教育中所谓通识教育课程安排的认可。以中央民族大学 2014 年版“法学本科专业人才培养方案”为例，通识教育必修课包括：马克思主义基本原理概论、毛泽东思想和中国特色社会主义理论体系概论、民族理论与民族政策、中国近现代史纲要、形势与政策、军事教育、心理健康、职业生涯规划、就业创业指导、大学英语、计算机文化基础、公共体育等，共 36.5 学分、956 学时，另有通识教育选修课和跨专业选修课共 12 学分，两者相加，通识教育课程学分达总学分 148 的

---

〔1〕张哲源：“德国法学教育走向与‘波隆那进程’”，载《玄奘法学学报》2011 年第 15 期。

〔2〕葛云松：“法学教育的理想”，载《中外法学》2014 年第 1 期。实务中，由于缺乏相关专业知识（其中部分完全可以通过通识教育获取），法律实务部门工作人员在面对专业问题时畏手畏脚犹豫不决，或者出现偏差乃至谬误的现象，并不鲜见。

33%。相较而言，专业必修课仅51.5学分、936课时，占总学分的35%。不难看出，现行法学教育中，通识教育课程安排不仅占比高，更重要的是，课程结构极不合理：一方面，政治色彩似显过浓，真正有意义的课程却未开设（如政治学、经济学、社会学、哲学）；另一方面，有些课程似显片面（如职业生涯规划、就业创业指导），或流于形式（如心理健康，肯定远不如开设心理学课程所能达到的效果）。同时，对法学教育及接受法学教育者在法治国家、法治社会建设中的地位与作用，也应给予应有的关注。我国台湾地区学者即针对法学教育在台湾地区社会发展中的作用曾指出："正因政治、社会乃至经济上处于劣势者，有机会接受法学教育而获取法律与法学知识，他们一方面可透过担任律师、司法官而改善其经济或社会地位，另一方面更可据以批判拒不落实自由民主的国民党政府。其结果，乃是政治异议者愿意在国家法秩序内或法理底下争取其权益，而非诉诸革命或武力，使得1980年代台湾的政治反对运动一直是在法律体制内进行。从这个角度言，让对社会不满者接受法学教育，其实是社会安定的最大保证。"[1]大陆亦有论者指出，法学教育是一个国家法治建设的基础工程，司法腐败要从法学教育上寻找源头。[2]司法腐败产生乃至于一定程度之泛滥，系于何因，必然是各见仁智。惟无论如何，法学教育在一定程度上对国人正确法律意识的培养，进而对法治国家的顺利建设，产生重要的影响，应是毋庸置疑。

（二）　理论素养？实务技能？

长期以来，对我国传统法学教育偏重基础理论知识的传授，

---

〔1〕　王泰升："台湾法学教育的发展与省思：一个法律社会史的分析"，载《台北大学法学论丛》2008年第68期。

〔2〕　徐显明："中国法学教育的发展趋势与改革任务（二）"，载法学创新网，http：//lawinnovation.com/html/zgfx50rlt/7301.shtml.学界也有人指出，公立法学院的营利冲动、法学教育游离于"有用"和"无用"之间、法学教授身份的多样化和师生、同学关系的朋党化等法学教育的沉沦，导致了"法律人为什么容易学坏"。方流芳："法律人为什么容易学坏？"，载http：//blog.renren.com/GetEntry.do？id=886190693&owner=231954938.

各界几乎是异口同声地予以批判：传统教育模式“首先教授的是法学各学科的知识体系，学生在接触法学教育时，往往是将法律当作一种科学知识来学习，就如同学习历史、哲学和文学一样，强调的是基本概念和基本知识的传授和学习方法的掌握”〔1〕；“法学教育不仅是单纯的知识传授和学术培养，而且是一种职业训练，但是，我国法学教育长期以来片面地强调前者，从而有意无意地忽略了后者”〔2〕；“长期以来，我国的法学教育片面强调知识的灌输，忽视了职业训练，致使毕业生不能很快适应实际工作，把应当由法学教育机构完成的工作留给了法律实践机构来完成”〔3〕；课程设置和师资配备中应该更加注重提高对学生的司法实践经验和技能的训练。〔4〕

实际上，如学者所言，法学教育，一如所有其他纳入大学一环的专业养成教育，无法避免来自其“学术性格”与“实务取向”两种不同力量的拉扯对抗，随时存在于内在矛盾与环境冲击的不安状态之中。类似加强“理论与实务结合”、试图因应社会变迁的法学教育改革运动，也发生在正规法学教育绵延已逾六百年的德国大学。〔5〕倘若没有大学（甚或研究所）妥适齐备的法律教育理论、实务课程，教导学生运用所习得之实体法、程序法之操作能力做倚靠，使学生们在面对实际案例时能够有着基本的认知而不致流于人云亦云之法匠，老实说，纵令是一个学历傲人、成绩优异、屡试屡捷的学生，吾人亦难期待他可以在考试及第或执业后马上可以进入状况，正确无误地处理手边的事情。“实例

〔1〕 霍宪丹：“建构和完善法律人才培养体制的关键环节——论司法考试制度在法律人才培养中的地位与作用”，载《法学评论》2002年第4期。

〔2〕 王晨光：“模拟法庭——对传统法学教育模式的挑战”，载《人民法院报》2001年7月17日。

〔3〕 霍宪丹、刘亚：“法律职业与法学教育”，载《中国律师》2001年第1期。

〔4〕 徐显明：“中国法学教育的发展趋势与改革任务（二）”，载法学创新网，http：//lawinnovation. com/html/zgfx50rlt/7301. shtml.

〔5〕 石世豪：“大学法学教育应开展专业与人文双重面向——法学教育在‘为司法而改革’之外的应有意涵”，载《台大法学论丛》1999年第29卷第1期。

教学”是否有成，对于一个国家法学教育程度能否提升，影响非常深远。不过，无论实务界人士如何解说实际案例之处理，其根源还是必须法学素养的底子要好，才能有足够的能力处理案例，亦即两者的关系，犹如鸟之双翼、又有如武学中的内力与外功，是密切不可分的。由此观之，理论的课程，终究还应是大学法学教育的重心才是，这也是实例教学所无法取代的。[1]

在我国，尤须强调的是，首先，须准确找到问题的症结所在。笔者同意学者下述观点：中国法学教育之弊，并非理论性教学强而实践性教育不足，而是两者都不足，而前者是根本。[2]诸多学者描述了当下法学教育中的一种常见现象：课堂上，授课老师就某些前沿、热点问题旁征博引侃侃而谈，结论无非是中国现行法如何存在问题，外国法如何正确完善，中国现行法应如何修改；课堂下，学生对授课老师关注的前沿、热点问题在某种程度上也能如数家珍感慨良多，但对系统性、基础性理论知识却是懵懵懂懂一头雾水，更遑论运用理论知识解决实际问题了。授课老师这种多少带有“炫技”成分的讲授，对学生是极不负责任的，甚至是贻害一生的。[3]其次，须客观面对我国的基本国情。学者曾正确指出，法典化的法律体系之下，缺乏全面、系统的法律知识是不可能真正理解法律的。在这一点上，中国的法学教育的任务与德国是一致的。[4]而在德国，一向采取如下之理念：就法律人于高等学府之养成教育而言，在结构上实与其他科系无异，因所有之学门，皆有理论与实务之部分；然而就进入法律市场执业之要求上，以及因此所需要之特别训练上观（此指传统之法律从业人员，诸如法官、律师、检察官、公证人、高等公务员等），

---

〔1〕 萧胤瑮：“我国大学法律教育与法律实务工作”，载《中原财经法学》2009年第23期。

〔2〕 葛云松：“法学教育的理想”，载《中外法学》2014年第1期。

〔3〕 何美欢：“理想的专业法学教育”，载《清华法学》2006年第3期；冀祥德等：《中国法学教育现状与发展趋势》，中国社会科学出版社2008年版，第160－161页；葛云松：“法学教育的理想”，载《中外法学》2014年第1期。

〔4〕 葛云松：“法学教育的理想”，载《中外法学》2014年第1期。

则应异于其他科系。[1]换言之，即使对于同一法律人之训练，高等学府养成教育与法律市场执业要求亦有所不同或侧重。片面强调个别法律技能的训练，而忽视法律知识的全面理解掌握，与我国法典化法律体系的国情不符，与我国高等法学教育的基本目标相违。最后，须正确认识高等法学教育的特点。法律职业是需要终身学习的职业，法学院的教育只是广义的“法学教育”（包括在职学习以及自学）的一部分，而非全部；法学院根本不适宜于全面培养实务技能，必须考虑学院式教育的长处与短处，发挥比较优势。[2]法学院能提供而学徒式教育不能提供的，就是法律理论、思考的教育。智能技能的培育是专业法学教育的核心。实务技能的形成需要丰富的人生阅历、对人情世故的了解，应当主要在学生毕业后由执业界培养，在生活中学习。在法学院里进行学徒式教育是多此一举、浪费资源。[3]考虑到目前我国高校教学条件等硬件，以及法学教师知识与技能等软件，对基础法律知识进行系统、全面、（较为）深入的讲解，培养学生法律解释与适用的能力，具有得天独厚的优势；相反，要求目前的高校老师通过课堂讲授培养学生的实务技能，则有点强人所难，甚至会步入歧途。[4]

二、民族法律人才培养模式的新探索

2014年，立足新时期少数民族和民族地区经济社会发展，特

---

〔1〕张哲源：“德国法学教育走向与‘波隆那进程’”，载《玄奘法学学报》2011年第15期。

〔2〕葛云松：“法学教育的理想”，载《中外法学》2014年第1期。

〔3〕何美欢：“理想的专业法学教育”，载《清华法学》2006年第3期。

〔4〕何美欢教授将法律人所需要的技能区分为智能技能和实务技能两类，后者的核心是处理业务中的人际关系的能力。何美欢：“理想的专业法学教育”，载《清华法学》2006年第3期。显然，实务技能并不是高校法学教师能在课堂上进行传授的。另须说明的是，学者正确指出，将法律解释与适用的能力理解为“实务技能”是一种误解，其是一种典型的“智能技能”，法学教授对此更加擅长，也适宜于在法学院的基本课程中传授和练习。葛云松：“法学教育的理想”，载《中外法学》2014年第1期。

别是民族法律事务工作对民族法律人才的需要，在高等教育体制改革的大背景下，针对民族法律人才严重匮乏的社会现实，中央民族大学法学院借助首批应用型、复合型卓越法律职业人才教育培养基地建设的契机，试图革除现行高等法学教育培养模式的弊端与不足，面向藏族地区通过“民考民”的方式招录藏族学生，专设藏语基地班，探索民族法律人才培养模式的新途径。

（一） 培养目标：立足实践特殊需要，“复合”中有所侧重

有学者认为，当前中国的社会发展是千姿万态，法学教育应当因地、因时、因需而分成不同的层次；[1]如果中国，而不是北京、上海甚或中国东部，要建成法治，我们就必须根据中国社会的需要，培养包括中国社会基层需要并能消费得起的法律人。[2]藏语基地班的设置，就是基于中央民族大学多民族文化的优势，因应新时期民族地区及民族事务的社会需要，培养“复合型”民族法律人才，其基本素质应主要包含三方面：树立正确的民族观，热爱民族事业，具有奉献精神，有志于从事民族法律事务工作；精通少数民族语言，通晓民族理论与政策，熟悉少数民族风俗，能够真正走进少数民族群体；掌握法学基础理论，具备民族法律知识，具有法律实务技能，能够妥善处理民族法律纠纷。

笔者认为，通过藏语基地班的设置探索民族法律人才培养模式的新途径，具有重要意义：其一，契合了国家关于少数民族和民族地区长治久安的特殊发展战略。在依法治国理念下，正确处理少数民族和民族地区社会矛盾，维护少数民族和民族地区社会稳定，民族法律人才必不可缺，应该且能够发挥不可替代的重要作用。其二，契合了少数民族和民族地区经济社会全面稳定发展的时代需求。少数民族和民族地区经济社会快速全面发展，是构建和谐社会题中的应有之义，且是非常重要的一方面，民族法律

---

〔1〕 王晨光：“中国法学教育结构失调及对策”，载法学创新网，http：//lawinnovation. com/html/zgfx50rlt/8600. shtml.

〔2〕 朱苏力：“追问法学教育承担的历史使命”，载法学创新网，http：//lawinnovation. com/html/zgfx50rlt/8183. shtml.

人才在社会行为规范、解决社会纠纷、分配社会资源等方面发挥重要作用。其三，契合了少数民族和民族地区法律人才严重匮乏的现实需要。目前一个不争的事实是，能够既精通少数民族语言、通晓少数民族习俗，又掌握法学理论知识、具有法律实务技能的民族法律人才严重匮乏，完全不能满足日益增多的民族法律事务处理需求。其四，契合了高等教育与社会需求脱钩，迫切需要改革创新的窘迫困境。高等教育目标与方向和社会需求不对称、高校毕业生不具备实际工作的基本技能，已成为社会共识和亟待解决的问题，民族法律人才培养模式的改革与创新试图在这方面有所突破。其五，契合了民族法学专业性质定位模糊及发展前景不明的急迫现状。民族法学属于一门独立的法学学科，正日益受到社会各界的肯定，但在国家有关机构的专业认定及实践部门招录人员时，其定位均不清晰。通过藏语基地班的设置探索民族法律人才培养模式的新途径，有利于明确民族法学专业定位，促进民族法学科的健康发展。

但是，需特别说明的是，绝对不能为了“复合”而冲击法学专业课程的学习。[1]“复合”是为了增强学生的人文通识素养，夯实学生的民族理论基础，拓宽学生的社会科学视野，绝不意味着非法学课程“喧宾夺主”偏离法学专业这一主线。恰恰相反，法学基础理论、现行法律知识的全面系统讲授，法律解释与适用的能力以及某种程度上的实务技能的培养，仍是培养方案的重点。实际上，藏语基地班的培养方案中，法学专业必修课50学分，法学实践教学环节18学分，法学专业选修课31学分，三者相加99学分，仍占总学分166.5的59.5%，远超通识教育必修课（42.5，占总学分25.5%）和藏族理论课程、藏族语言课程及现代汉语课程（25学分，占总学分15%）。

（二）课程体系：量体裁衣衣需定做，解“学分爆炸”难题

有学者在分析我国台湾地区法学教育时曾指出：随着社会政

---

〔1〕葛云松：“法学教育的理想”，载《中外法学》2014年第1期。

治经济环境递变，新生法律问题、法学思想新发展、新法典、新兴法律领域，以至于新式法律专业工作、新的跨科际专业合作模式及新增实务案件形态等不断衍生，法学教育所应涵盖的知识资料暴增，旧有法学教育格局因而不断面临难以规划适当课程结构加以吸纳、进而体系化为专业养成教育一环的困境。另外，法学与其他学术领域之间相互依赖、密切互动，整合各项社会学科的迫切性与日俱增，使得原已窘迫的学分规划瓶颈，在缩短法学教育年限的压力下更显得局促。“学分爆炸”的问题，主要源自于过度强调“知识资料”及“法学支援教育”所导致的重心偏移结果。在当前法学教育所应涵盖的知识资料递增、翻新的趋势下，学生接受教育时的知识资料无论如何周密，恐怕将来就业后都不足以应付（量与质上的）实际需求；这点问题，在不断新订、翻修的法典及法律条文（“法规范”）上，尤其严重。解决之道，似乎并不在于在“加（减）法”的单向思考模式下，以增加（减少）专业知识资料的方式，回应社会环境变迁对于法学教育的冲击。除使受教者“知其然”的法条疏义之外，训练“知其所以然”的知识方法更应该列为法学教育重点。[1]

实际上，中国大陆的现状又何尝不是这样，笔者对几个代表性高校法学本科培养方案的学分进行了简单统计，学分差异乃至于学分爆炸现象显而易见：

学校	总学分	通识课程(必修)	专业必修课	实践教学环节
中国人民大学法学院	157	43	67	12
清华大学法学院	162	35	61	24
中南财经政法大学[2]	179	48	63	13
吉林大学法学院	200	37	95	21

〔1〕石世豪：“大学法学教育应开展专业与人文双重面向——法学教育在‘为司法而改革’之外的应有意涵”，载《台大法学论丛》1999年第29卷第1期。

〔2〕中南财经政法大学另有素质教育课程（含军训、军事理论、形势政策、心理健康教育、就业指导以及社会实践、学科竞赛等）16学分。

究其原因，一方面在于强制性规定，如教育部规定的法学专业的专业必修课程多达16门，所谓通识教育必修课等更是对专业课形成了剧烈的挤压；另一方面，基于给学生更大自由选择空间等考虑，高校也纷纷追求降低专业必修课的比重，结果自然就可想而知了。基于上述考虑，藏语基地班的培养方案中，除按照有关强制性规定设置通识教育课程外，主要设置三个课程群：①法学专业课，包括专业必修课与专业选修课，需说明的是：一方面根据藏语基地班的特点，对相关课程的学分及学时进行了调整；另一方面将法律诊所、审判实务等课程作为必修环节，学生必须选择一门学习，考核合格方能毕业。②藏族理论课，包括藏族历史、藏族文化、藏族宗教等，培养学生正确的民族观。③藏汉语言课，包括藏文修辞学、藏文写作、现代汉语、藏汉翻译理论、藏汉翻译实践等，训练学生熟练的语言技能。上述课程群相辅相成，紧紧围绕“复合型民族法律人才”这一培养目标。

另外，须特别说明的是，法学教育的真正进步，也是改革中最困难的部分，是每一门课程的具体授课内容与教学方法。良好的教学效果首先要求教师对于课程领域有深入的理解，否则，采用任何教学方式都没有意义。[1]另有学者向河南、湖北等7所高校法学本科生进行的“模拟法庭”教学问卷调查结果显示：对于“模拟法庭”指导教师应具备的素质的问题，选择“深厚的法学理论知识”的占58.8%，选择“了解模拟法庭教学规律”的占61.4%，选择“丰富的司法经验”的占95.4%，选择“工作热情和乐于奉献精神”的占66.7%。[2]足见，授课老师专业素养的提升、教学方法的改善、教学事业的热情，是法学教育能否顺利实现既定目标的重要前提。可惜的是，在普遍重视科研而非教学的大环境下，教学质量在教师考核特别是职称晋升中权重畸轻甚至可以忽略不计的现有制度下，如何构建对高校教师投身教学工作的激励机制，是一个决定法学教育目标能否实现的迫切需要妥善

〔1〕 葛云松：“法学教育的理想”，载《中外法学》2014年第1期。

〔2〕 吴西彬：“模拟法庭教学效果评价”，载《教育评论》2007年第1期。

解决的问题。

学者疾呼："如果医学院的教学质量差，让不合格的医科学生变成医生，伤及无辜患者，医学教授们恐怕应当心中有愧。不合格的法科毕业生的危害性似乎并非这样明显、直接，但是其对法治事业以及社会的伤害却毫不'逊色'，甚至有过之。法学教授们也应当扪心自问。"[1]在主要以在国家立法过程中扮演怎样的角色、成功申报何种级别科研课题、公开发表多少篇法学核心期刊论文等为评价体系的大潮裹挟下，法学教授又当如何面对自己最主要的本职工作之一——教学呢？

---

〔1〕葛云松："法学教育的理想"，载《中外法学》2014年第1期。

法律职业伦理教育必要性之比较研究

——以美国、澳大利亚、加拿大和韩国为比较*

◎ 刘坤轮**

一、问题的提出

我国法学教育中，是否要强化法律职业伦理教育？从比较意义上分析，西方国家对法律职业伦理的教育情况直接决定了这一问题的答案，直接关涉到我国法律职业伦理教育的必要性，因此，有必要细致梳理。

无论是从宏观理论来看[1]，还是从现实中国法学教育在法律职业伦理教育的样态来看，[2]我国都应该重视、强化法律职业伦理教育。但与这些理由相对，横向层面的原因也需要予以挖掘。歌德曾言："不知他国语

---

* 基金项目：中国政法大学教学改革项目"我国法律职业伦理教育考察——以中国政法大学为例"。

** 刘坤轮，男，中国政法大学法学教育研究与评估中心副教授。

〔1〕 参见刘坤轮："法律职业伦理教育必要性之理论考察"，载《中国法学教育研究》2013年第4辑。

〔2〕 参见刘坤轮："我国法律职业伦理教育紧迫性考察"，未刊稿。

言者，对自己的语言也一无所知。”[1]因而，从横向层面上，对于他国的法律职业伦理教育情况，必须要有一个客观清醒的把握和认识，只有在他国的法律职业伦理教育步伐远远在我国之前的情况下，我们所分析的宏观理由和现实状况才更加具有说服力。否则，我们所提出的判断将停留在空中楼阁的阶段。

就此而言，要充分梳理出法律职业伦理在中国的教育意义，我们就必须清晰地弄明白他国对法律职业伦理的重视程度和开展方式。尽管法律职业伦理本身的研究文献在西方已经汗牛充栋，但是，关于法律职业伦理教育的梳理，除了美国的文献较为丰富外，其他国家的资料仍然显得较为薄弱，尽管在这些国家中，法律职业伦理这一领域本身，无论是在课程教学还是在理论研究方面，都已经发展到相当的程度了。

正是由于这种文献资料的有限性，本文采取一种审慎的进路，对于文献充分的国家，充分梳理其国家的法律职业伦理的发展脉络；而对于现有文献并不那么充分的国家，则尽量采取推理判断，或个案分析的方式，推演出其法律职业伦理教育的发展阶段。

二、分析框架和比较对象

本文的分析采取一种比较法社会学的视角，以功能比较的方法切入，指向法律职业伦理缺失的问题，进一步比较各个国家对这一问题的不同解决方案，而在具体的解决方案落脚点上，主要关注大学中的法律职业伦理教育，再联系法律职业伦理教育现状的原因进行联系分析，从功能到原因，分解其功能之所以良好发挥的诸多背景元素。[2]在简单、略微分析各种影响因素后，落脚点进一步走向比较法社会学。也就是说，最后支撑判断的，应该以法律社会学的实证走向，以事实说话，而不再是纯粹进行逻辑推理。以发现代替

---

〔1〕 参见［德］K. 茨威格特、H. 克茨：《比较法总论》，潘汉典、米健、高鸿钧、贺卫方译，法律出版社2003年版，中译本序。

〔2〕 朱景文：《比较法学》，中国人民大学出版社2008年版，第27页。

认为的方式来分析问题,[1]这既是比较法社会学研究的一个趋势,也是当前学术研究走向科学化的一个重要表现,而这就构成了本文的分析框架,即由问题导向世界各国中该问题的解决方式,然后指向该问题解决方案的影响因素,继而提炼出本文重点分析的一个要点,综合比较在这一点上,比较法社会学意义上的实证资料,进而返回到最初提出的问题,寻找恰当的、符合我国国情的解决方案,并为未来解决该问题方案的趋势作出判断。

基于以上这种分析框架和分析思路,本文选定了若干可比较的国家作为比较对象,研究这些国家中引发法律职业伦理的问题以及为解决该问题所做的努力,主要关注点为各国大学法学院对这一问题所做的努力。由于受到资料收集的限制,本文仅以美国、澳大利亚、加拿大和韩国为例,对其法学教育中在这一问题上所采取的态度和方法专门进行论述,以期对中国法律职业伦理教育提出建设性意见。

具体而言,本文的比较对象重点为法律职业伦理领域的领军国家——美国,然后是英美法条的澳大利亚和加拿大,最后是离我们最近的韩国。考虑到可能性的问题,美国将是我们分析的重中之重。其他国家的法律职业伦理教育情况,一般来说,都在某种程度上受到美国法律职业伦理转向的影响,但各有各自的风格和特点,本文将依据资料的可及性而具体设置框架。

三、美国的法律职业伦理教育

尽管一般认识上认为,美国法学教育中,对法律职业伦理的教育始于多名法律人卷入水门事件,“失落的律师”一度成为当时弥漫社会的法律人情绪。由此所导致的结果是,1974年,美国律师协会再次修正了刚刚修正的法学院认证标准(Standards for the approval of law school),增加了美国法律职业伦理教育史上影响重大的条款,也就是标准302(a)(iv)。该条款修订于1974年8月,强制

[1] 白建军:《实证研究方法》,北京大学出版社2008年版,第1-17页。

规定法学院必须教授法律职业伦理。但实际上，在此之前，在美国法律人的职业规制中，对法律职业伦理的规制早已开始，了解这一过程对于我们全面把握美国法学院职业伦理教育的展开脉络极为有益。

（一） 美国法律人的伦理规制历程

美国法律人的规制独具特色，实施行业规制的不是联邦政府，而是每一个州，具体执行的是州最高法院。但一般而言，美国所有的法官都允许其他州律师以个案理由在本州法庭出庭，这也是美国律师实施联邦化的一个表征。一般而言，在美国要从事法律职业，必须要满足几个条件，包括从认证的法学院毕业，通过州律师协会考试，并具有良好的道德品质。最后一个条件指向的就是法律人的职业伦理问题。这方面的规制来自各州的最高法院，但一般来说，具体的规制措施由州律师协会给出建议规范，然后由各州最高法院予以接受。这些由州律师协会所提出的行业纪律规定就被称为法律职业伦理、伦理规制或职业责任规定。

在实际的伦理规制中，尽管各州实施独立的行业规制，但由于全美律师协会的存在，使得行动中的法律职业伦理规制实际上走向统一。今天，美国大约有 49 个州的伦理规范取材于全美律师协会制定的规制范本，从这一意义上来说，追溯全美律师协会对法律职业伦理的规范历史，就等于在追溯美国法律职业伦理的发展史。

1.《1908 年伦理标准》(1908 Canon of Ethics)

全美律师协会最早制定的法律职业伦理规范范本为《1908 年伦理标准》(1908 Canon of Ethics)，该标准由 32 条鼓励性修辞表述构成，激励法律人努力达致高峰，其时并没有吸引太多的行业关注和公众关注，也并没有意图通过开除出协会或终止其执照予以强制实施，相反，它只是行业精英召唤团结的一种宣誓，意图用以庆祝律师协会职业高尚的古老遗产。[1]可能也恰恰因为它只是一种行业诉求的修辞表达，该标准在实践中却取得了权威地位，常被州法院

---

〔1〕 See Wolfram, Charles W., Modern Legal Ethics, West Prac. Ed. 1986, pp. 34 - 35.

认定为法院规则、立法或被引用作法庭意见。[1]这一最初源头也基本符合我们在法律职业伦理细密化发展过程中的梳理脉络。[2]

2.《1970 年全美律师协会职业责任准则》(1970 The ABA Code of Professional Responsibility)

1964 年，全美律师协会主席刘易斯·鲍威尔(Lewis Powell)成立了一个委员会，也就是怀特委员会(The Wright Committee)，专门研究伦理标准，以提出修改建议。该委员会于 1969 年 1 月提交了一份草案，该草案也于 1969 年 8 月被全美律师协会代表会议(The ABA House of Delegates)采纳，并于 1970 年 1 月开始生效，这就是著名的《1970 年全美律师协会行业责任准则》。该准则分为 9 章，各章分别由纪律规则(Disciplinary Rules)和伦理事项(Ethical Considerations)构成。纪律规则意图规定法律人必须遵守或接受的最低标准；伦理事项则意图表达职业追求，不意图通过纪律程序予以执行。由此开始，法律职业伦理的内容从 1908 年的修辞性行业诉求开始分化，伦理事项继续延续了行业诉求的修辞性理想，而纪律规则则走向操作层面，细化规定法律人执业过程中应当遵守的行为规范。

然而，全美律师协会只是一个行业自治组织，其所指定的规范只具有劝导性效力，只是模范规则。因此《1970 年全美律师协会行业责任准则》并没有立即获得各州的认可，而是渐渐取得了认同。1972 年，只有 3 个州采纳了全美律师协会范本准则，用以规制州内法律人。但到了 1974 年时，这一数量就变成了 49 个州。对于全美律师协会而言，这是它在法律职业伦理规制方面取得的巨大成功，除了加利福尼亚州之外，全美律师协会几乎完成了对全美律师的一元伦理规制。

---

〔1〕 See Wolfram, Charles W., Modern Legal Ethics, West Prac. Ed. 1986, pp. 34 - 35.

〔2〕 参见刘坤轮："法律职业伦理教育必要性之理论考察"，载《中国法学教育研究》2013 年第 4 辑。

3.《1983 年全美律师协会职业行为模范规则》(ABA Model Rules of Professional Conduct)

尽管《1970 年全美律师协会职业责任准则》取得了巨大成功，但随之而来的水门丑闻却将这一范本的光辉压倒。于是，1977 年，全美律师协会任命了一个新的委员会，也就是库塔克委员会(Kutak Commission)。这一委员会的使命在于寻找希望修改的职业规范，但事实上，该委员会在历史上的重大贡献却在于，它工作了两年后，将草案泄漏于公众。这些修正条款引发了公众，尤其是法律界的极大兴趣，四年时间里，出现了大量以法律职业行为规则为对象的研究文献。

这一过程甚为激烈，以至于该草案的大量具体规定都被提交专门的研讨会予以讨论。即便如此，一些重大问题，仍然在提交全美律师协会代表会议以获得批准时没能达成共识，而是在本该程序化的批准会议上完成重大条款的修改，比如关涉保密性的规定，一直到了 1983 年批准之时，才最后予以修正。

正是由于这一过程的艰难，在法律人行为的一元规制方面，《1983 年全美律师协会职业行为模范规则》没有取得先前模范准则那般的成功。尽管如此，到了 1998 年，仍然有 43 个州以该模范规则为范本建立了自己的伦理准则。到 2002 年，共有 45 个州（包括哥伦比亚特区）采用了《职业行为模范规则》，但需要指出的是，几乎每个州在采纳该范本时，都针对一个或多个条款做出了实质保留。与之同时，ABA 也开始了对该范本进行修正的行动。1997 年，全美律师协会任命了一个职业行为规则评估专门委员会（Special Committee on the Evaluation on the Rules of Professional Conduct)，其使命就是审查《1983 年全美律师协会职业行为模范规则》是否有必要进行修正。

4.《2000 年律师法重述》(Restatements of the Law Governing Lawyers)

1986 年，美国法律协会（American Law Institute）开始了一项重述律师法的项目，由于美国法律协会由最负盛名的法官、律师和教授构成，其影响力非常巨大。该项目对法律执业领域的诸多核心问题进行了重述，从1986年开始，最终于1999年完成，2000年正式公开出版。可以说，该重述是关于律师规制的又一个里程碑事件，其范围包括但又超越了律师伦理守则，将法院判决和相关制定法也纳入进来，范围之广泛，前所未有。由于常常被法官援引以审判案件，大大影响了法院如何解释伦理规则以及其他调整律师及其执业活动的法律。在法律人规制历史上，具有重要的意义。[1]

由上可知，美国法律人的规制日渐走向细化、规范、系统，法律职业伦理的重要性也越来越在行业中凸显，法律职业伦理科目成为律师协会考试的必考科目，是获取律师执业执照的一个重要条件。许多州也都强制要求律师进入执业前，必须通过《州际职业责任考试》(Multistate Professional Responsibility Exam，简称“MPRE”)，并强制要求继续教育中必须纳入法律职业伦理内容，[2]而所有这些都是美国法学教育，尤其是法学院中的法学教育强化法律职业伦理的宏大背景，是理解美国法律职业伦理教育发展史所必须了解的。

（二） 美国法律职业伦理教育发展历程

1. 最初样态（1921－1973）

前文论及，在美国要进入法律职业，其中一个条件就是要毕业于法学院校。同时，由于美国法律职业共同体的自治性，大多数州都要求本州执业律师毕业于全美律师协会认证的法学院，正是这一直接的关联，全美律师协会的伦理规制才直接反映到法学院的法学教育之中。而最直接的联接就是全美律师协会采纳的法学教育标准，其中，最早成型的法学教育标准为《1921年法学教育标准》，该标准是一个仅有一页半的小册子，但却贯穿指导着1920－1940年间，全美律师协会一直为该标准得到执行而努力，尽管中间出现诸多修正，但该标准一直生效至1973年。1973年，全美律师协会

---

〔1〕《美国律师协会职业行为示范规制》(2004)，王进喜译，中国人民公安大学出版社2005年版，第4－5页。

〔2〕 Laurel S. Terry, “A Survey of Legal Ethics Education in Law Schools in Legal Ethics in Academia”, Penn. Academy of Science 1999, Chap. 5.

代表会议批准了《法学院批准标准》（Standards for Approval at Law School）。两个标准中对法律职业伦理教育的定位，也构成了美国早期法学教育中法律职业伦理教育的脉络特征。但遗憾的是，它们都没有强制规定法律职业伦理的教授工作。

尽管全美律师协会没有强制要求法律职业伦理课程的教授工作，但在这个阶段，美国法学院的法律职业伦理教育却已经在向规范之路迈进了。据统计，1931 年，很多法学院已经将法律职业伦理作为一门正式课程予以开设，其中在美国法学院学会（AALS，the Association of Law Schools）认证的法学院中比例大约为 79%，非美国法学院学会认证的法学院中比例大约为68%。[1]

2. 标准 302

从 1921 年到 1973 年之间，尽管很多法学院都开设了法律职业伦理课程，但遗憾的是，却基本鲜有全职教授负责教学，学生也很少对该课程认真对待。然后，水门丑闻扑面而来。[2] 众多律师的卷入，使得社会和法律界呼唤在法学院中强化法律职业伦理教育。1974 年，全美律师协会在刚刚采纳的《法学院批准标准》中加上了标准 302（a）（iv）。

在美国法律职业伦理教育史上，标准 302 的出现，具有里程碑意义。它强制要求法学院必须开设法律职业伦理课程，尽管 302（a）（iv）没有规定具体的课程开设方式，而是将具体的自由裁量权交给了法学院，由它们自主决定是采用必修课程设置，或是采用“贯穿性（pervasive）”教学法。

1996 年，全美律师协会的标准再次修正，关于法律职业伦理的教授问题，调整标准变更为标准 302（b）：“法学院在其法律博士项目中，应当要求所有学生接受法律职业及其成员之历史、目标、结构、义务、价值观以及义务的教育，包括《全美律师协会职业行为模范规则》的教育。在这一教授过程中，法学院应提供法院

---

〔1〕 Boyd. Susan K.，The ABA's First Section 21. 71（American Bar Association 1993）.

〔2〕 Laurel S. Terry，“A Survey of Legal Ethics Education in Law Schools in Legal Ethics in Academia”，Penn. Academy of Science 1999，Chap. 5.

成员和律师协会成员。”[2]

由此，经过302标准，在美国法学院中，法律职业伦理教授得到了强制。余下的问题就是具体安排、教学方法和实际效果等操作层面的问题了。对于实际效果，全美律师协会不断考察法学院中法律职业责任的教授情况，无形之中，对法学院法律职业伦理的正规化也起到了重要的推动作用。[1]

3. 实证成就

1974年标准302出现之后，全美律师协会不间断地对法律职业伦理教育的实际执行情况进行考察，并发布报告，这些报告构成了我们把握美国法律职业伦理不断发展繁荣历程的资料。劳雷尔S.特里（Laurel S. Terry）教授对1985年和1994年全美律师协会所作的报告以是否开设课程、课程学分、课程开设年份进行了统计比较。以下是比较结果：

表1 1985和1994年美国法学院法律职业伦理课程开设情况比较表[2]

年份	是否开设课程及比例	课程学分及比例	开设年份及比例
1985年	是：95% 否：5%	1学分：7% 2学分：75% 3学分：16% 其他：2%（变动学分配置）	第1年：10% 其他：90%
1994年	是：94% 否：6%	2学分：44% 3学分：23% 其他：5%（变动学分配置） 其他情况：6%（学生在几门课程中选一门） 额外要求（高水平课程）：6%	第1年：14%

[1] Laurel S. Terry, “A Survey of Legal Ethics Education in Law Schools in Legal Ethics in Academia”, Penn. Academy of Science 1999, Chap. 5.

[2] 本表根据劳雷尔S.特里教授的文章数据整理而来。参见Laurel S. Terry, “A Survey of Legal Ethics Education in Law Schools in Legal Ethics in Academia”, Penn. Academy of Science 1999, Chap. 5.

从以上比较可以看出，和1985年相比，在美国法学院中，法律职业伦理的教育工作渐次强化，尽管是否开设课程比例变化不大，但这种强化清楚地反映在了学分的变化以及开设年份的变化之中，法律职业伦理及时开展和强化重视的趋势显而易见。

同时，随着越来越多学者关注法律职业伦理这一领域，研究文献也越来越多，研究的问题也越来越细化，这种细化直接导致了法律职业伦理学科化成为了一种事实。关于它的争论，已经不再是是否必要、是否必须开设课程，而变成了教学方法和具体实施的问题，[1]关于这些，涌现出大量的争论文献。这些文献出现本身，就代表着法律职业伦理的教育在美国已经渐次成熟，远远走在了世界前列。

四、澳大利亚的法律职业伦理教育

尽管澳大利亚的法学教育传承于英美法系，但又自成一体。在澳大利亚，对法学教育属性的认知，一般的共识为，法学教育为职业教育。这就决定了，在法学教育的培养目标设定和具体课程设置中，职业导向必然成为一种主导的法学教育思想。一如联邦制的美国，澳大利亚的法学教育主要遵守的标准也基本来自各州的法律，而职业属性的要求也就决定了在澳大利亚，除了职业技能的教育外，职业伦理的教育同属于各个法学院校所重视的教育科目。

（一） 培养目标

一般而言，在职业伦理教育方面，各个法学院都有特定的培养目标设定，但总体来看，这些目标一般表述为两个方面：①培养学生理解并尊重职业道德标准的能力；②培养学生促进社会正义与法律正义的责任感。[2]这两个目标具有两个不同的指向，分别与法律职业教育的公共性和技术性相对应。一个指向的是法律职业伦理的技术性和规范性层面，如果不严格限制的话，可以表述为职业责任（professional responsibility），一般由一系列职业行为规范构成，是

---

〔1〕 如贯穿式教学方法和特定必修课程设置之争。

〔2〕 洪浩：《法治理想与精英教育》，法律出版社2005年版，第55页。

一套完整的规范体系，指向的是法律职业者在面临诸如保密性、客户关系、广告行为等伦理问题方面所应当具有的基本认知和行为规范，具有充分的技术性。另一个教育目标，则可以和法律职业的公共性追求（一般和道德属性）相挂钩，尽管也会涉及一些行为的规范规则，但修辞性的职业诉求为其主要方面，指向的是法律职业对整个社会所应当担负的责任，相对而言，技术性指向的规范属性程度较低。

尽管法律职业伦理的教育存在着一个从公共性越来越技术性的趋势，但在由精英法律人所主导的行业组织那里，法律职业的公共诉求却从未褪色。因而，对社会公平、正义的修辞性表达，以及在伦理困境面前保持一个法律人基本的素养方面，这些道德化的诉求从未离去，也从未过时。

（二） 问题与成就

在澳大利亚，法律职业伦理的教育并没有达到美国那样发达的程度，因而无论是在教学方法、认识论、师资、院校投入，还是教学研究热情方面，都存在着一定的问题。但同时，换个角度来看，这些问题本身也反映着澳大利亚法学教育在法律职业伦理方面渐次取得的进步。因此，对其予以关注，有助于我们全面认知和理解法律职业伦理教育在发展过程中可能会经历的问题，并引以为戒。

在问题方面。首先，关于法律职业伦理的定义一直未能达成共识，从而导致课程范围无法严格确定，具体的教授内容无法完全统一，使得法律伦理的一元化追求处于萌芽状态。因而，尽管一些法学院也提供法律职业伦理课程，但也就是将其作为“另一门课程”来对待，没有将其提升到法律职业基础性的高度。其次，在澳大利亚，致力于法律职业伦理教育研究的个人和组织还相对较少，所以就会出现一些法学院校在承担该课程的老师出现离职、变动、退休或辞职时，面临挑战的情形。最后，法学教育内部对法律职业伦理的投入和热情不足，这就导致法律职业伦理的变革和创新往往是迫于外部的压力，而不像美国那样，有一些领军人物由内部进行驱动，这就导致了法律职业伦理教育在澳大利亚的长远发展，缺乏驱动力。

在成就方面。首先，尽管澳大利亚法学院在课程设置中纳入法律职业伦理是相对新近的1999－2000年，但法律职业伦理教育越来越重要却已经成为一个事实，几乎所有法学院的研究生阶段都安排了法律职业伦理课程，大多数法学院也将该课程设置为本科阶段的修习课程之一，并且对学分、学时方面的要求也越来越高。其次，出现了专门的研究性组织、刊物和委员会。根据M J Le Brun教授的介绍，澳大利亚的杂志《法学教育评论》同意出专刊讨论法律职业伦理问题，来自法学、哲学和应用伦理学的教职人员联合在一起成立了一个组织，研究共同感兴趣的法律职业伦理问题。同时，还出现了由不同组织成员组成的一个分委员会，专门探讨法学院应当如何处理法律伦理相关的问题。[1]

（三） 墨尔本大学法学院的法律职业伦理教育

由于澳大利亚法律职业伦理教育的资料并不那么充分，宏观把握该国法律职业伦理的受重视程度也就不那么现实，因而，这里选定澳大利亚较为知名的法学院作为个案进行说明，用以展示其整体上法律职业伦理的不足。以下以澳大利亚昆士兰州的墨尔本大学法学院作为样本，对其JD项目的法律职业伦理课程予以介绍。

1. 课程设置目标

就法学学士学位而言，墨尔本大学法学院的课程设置比较灵活，根据具体的师资力量和项目类别随时调整课程，但通常而言，课程设置的目标都指向以下八点：

（1）理解并能够认识、使用、评价法律规则、法律概念、法律原则以及它们的起源，试图体系化各种理论；

（2）习得口头以及书面形式的法律推理和法律论证技能；

（3）理解法律制度和它们的社会、经济以及政治语境；

（4）习得发现法律的能力，并能够独立进行研究和分析，创造性地思考法律问题；

---

〔1〕 M J Le Brun, Enhancing Student Learning of Legal Ethics and Professional Responsibility in Australian Law Schools by Improving Our Teaching, 12 *Legal Educ. Rev.* 269 (2001).

(5) 具备对法律的持续兴趣，并获得学习和实践的满足感；

(6) 对法律改革形成批判兴趣；

(7) 能够理解法律人对法院、法律职业、法律职业共同体的责任；

(8) 致力于实现正义。[1]

从以上 (7)、(8) 条内容可以看出，墨尔本法学院对法律职业伦理教育非常重视，在法学教育的课程目标设置中，将法律职业伦理的双重属性要求，也就是技术性和公共性综合融合于课程目标之中。这种明确的职业教育目标和现实的导向性，直接导致了其在具体的课程执行上，必然将法律职业伦理课程的设置作为重头戏来进行。

2. 法律职业伦理课程[2]

墨尔本法学院，从JD阶段对法律职业伦理课程就极为重视，法律职业伦理的课程无论在学分、课程学时，还是在课程内容、具体课程设置目标等方面，都独具特色，在整个三年的JD项目课程中，占据着重要的地位。

(1) 学分、学时和级别。对于法律职业伦理课程，墨尔本法学院在学分、学时以及级别方面都配备了较高的规格。在学分上，法律职业伦理课程配置的学分为12.5学分，相较于其他课程的学分，是相当高的。在学时方面，全部课程为144学时，仅联系交流时间就为48学时，并且，这里的学时为小时。与国内的36学时、45分钟一课时的比重形成较为鲜明的对比。在级别方面，墨尔本法学院将该课程定位为5级水平，表明墨尔本法学院对法律职业伦理教育相当重视。也就是说，要修习本课程，法学院的学生必须要具备相当的法律知识才能进行。一般而言，必须要修习的法律知识包括：法律方法和法律推理、公法原则、侵权法责任、纠纷解决、宪法、

---

[1] 参见http://handbook.unimelb.edu.au/view/2014/505AA，访问日期：2013年12月5日。

[2] 以下内容均来自澳大利亚墨尔本大学法学院网站，参见https://handbook.unimelb.edu.au/view/2013/LAWS50038，访问日期：2013年12月5日。

合同法、财产法、法学理论、行政法、信托法。

（2）课程概括。在墨尔本大学法学院，法律职业伦理课程负责学生学习职业主义、职业伦理和公共服务。修习法律职业伦理课程的学生要研究法律人在社会中承担的特定角色、法律职业的价值观，以及同时作为客户辩护人和法院官员的法律人在日常法律执业中在客户关系和其他执业者之间关系的意义。本课程主题涵括利益冲突、法律人的保密义务、提供法律服务时作出和宣称法律特权时的法律义务。

（3）课程任务。圆满修习本课程的学生应当理解规制法律人行为的一般法律和职业行为标准，包括对客户、法院、其他执业者以及第三方的义务；理解法律人的角色、法律职业的价值观以及支撑这些义务的正义理论，并深入理解伦理和职业相关的新近发展以及其对职业实践的意义；能够在复杂的事实情境中应用法律人的义务；能够和非专业人士（如客户）沟通法律人的义务；在执业律师有时会经历放弃职业义务的时刻，当遭遇的实践困难和伦理出现紧张关系时，能够对此展现出认知技巧和批判性反思的能力，并且能够在保持高度个体自治和责任的情形下，探索回应这些困难或紧张方式的能力；理解并能够在持有信托财富时应用这些原则。

3. 小 结

综上而言，无论是在课程设置目标，还是在学分、学时、课程级别以及课程任务方面，在墨尔本大学法学院，法律职业伦理课程都受到了较高的重视。鉴于墨尔本法学院在澳大利亚法学院校中的领军地位，这一设置具有充分的代表性和未来方向的指引意义。从一定意义上讲，未来澳大利亚的法律职业伦理教育将会朝着这一方向发展，在课程的具体展开中，克服学者们所提出的各种问题，进一步强化法律职业伦理在法学教育中的地位和其受重视程度。

五、加拿大的法律职业伦理教育

在加拿大，法律职业伦理教育也较为发达，研究文献十分丰富，尽管笔者能力有限，并没有收集到加拿大法学院校开设法律职业伦理课程的丰富实证资料，但从所得文献设定的诸多论述中，基本上可以逻辑推演出，在加拿大，法律职业伦理教育已经形成了一套完整的系统。加拿大法学界对法律职业伦理教育的目标、不足之处以及教学方法等，有着充分系统的认知，这一切都充分反映出加拿大法律职业伦理教育处于一种较高的地位，从教育目标、课程架构、教学方式的多样性上，加拿大法学教育的繁荣景象可以清晰地反映出来。

（一） 教育目标

根据加拿大法律职业伦理领军学者的总结，法律职业伦理的教育目标主要包括如下七个方面：①向学生介绍法律职业的组织、结果及其责任；②使学生能够评价法律职业的组织及其在履行其义务时的效果；③教授学生各种职业角色和情境中法律人的义务；④使学生能够在需要承担义务时确定义务；⑤使学生对法律职业及职业责任形成态度和价值观；⑥使学生能够参与伦理论证过程，以使得他们能够评价职业角色的妥当性以及对学生的意义，能够在职业义务出现时提出评断这些义务并选择恰当行为的框架；⑦使学生能够以一种有效、组织化、职业化的方式进行执业行为。[1]

这些目标具体而全面，将法律职业伦理的技术性和公共性全部囊括在内，形成了一整套系统的架构，对于法律职业伦理教育而言，这种系统化的目标设置，充分反映出加拿大在这一课程上所投入的精力和研究的精深。

（二） 课程架构

加拿大法律职业伦理教育相对成熟的另一个标志在于课程架构的多样性。在加拿大大学的法学院中，法律职业伦理课程的设置已经基本超越了“另一门课”的阶段，而是变成了多样化的课程设置体系，各个法学院校对于如何进行法律职业伦理教授，形成了各具特色的课程设计选择方案。具体而言，这些方案主要包括如下

---

〔1〕 WB Cotter, Professional Responsibility Instruction in Canada: Coordinated Curriculum for Legal Education (Quebec: Joint National Committee on Legal Education of Federation of Law Societies of Canada and Council of Canadian Law Deans, 1992), at (ii).

四种：

（1）贯穿性教学课程设置方法。贯穿性教学法是加拿大法律职业伦理教育中的一个重要的教学方法，也就是在所有的实体法中系统地教授学生法律职业伦理问题。这种方法颇具有难度，成功与否取决于法学院校师资对这一方法的致力程度，尽管对这一方法也存在着各色各样的批评，但这一教学方法的拥护者坚定地相信，只要合作恰当，就能够最佳限度地教授学生在各个法律领域中对法律职业伦理问题的把握和解决。

（2）诊所式教学方法。诊所式教学法也是法律职业伦理教育中的一个重要方法，这一方法以客户为中心，具体效果则取决于学生对客户的负责程度。但最终而言，诊所式教学法在法律职业伦理教育中的成功与否，取决于诊所所接受的案件类型，案件类型的宽度也就直接决定了法律职业伦理教学的内容范围。

（3）仿真实践。诊所式教学法所接受案件类型的不确定性，决定了法律职业伦理的具体内容可能无法被全面覆盖，这个空白的范围就需要由新的教学方法来弥补，而仿真实践在这一方面就具有先天的优势。在加拿大法学院，仿真实践支持者认为，应该通过 1 到 2 年的实践，通过真人的客户扮演，培养出学生的综合技巧发展，这也就是法律职业伦理教育中的 CSD（comprehensive skills development）计划。

（4）单独课程。在加拿大，大多数法学院的法律职业伦理教育采用的都是单独课程，名称或为“法律入门”、或为“法律职业”、或为“法律职业伦理”，也或为“职业责任”等，采用课堂教学或是讲座的方式。内容包括：法律职业伦理基本教义、对法院的义务、坚守法律的义务、对其他法律人的义务、不违反法律的义务、不协助他人违法的义务、利益冲突、职业角色中的个人伦理、代表客户的义务、保密、对法律组织的义务、与客户的关系、歧视、一般伦理义务、法律职业的历史和社会学、法律人的角色伦理等。

（三） 教学方法论

多样的方法论，也是加拿大法律职业伦理教育的一大特点。为了让学生真切地感悟法律职业伦理，加拿大法学院开发出了一系列的教学方法，综合应用到各个阶段的法律职业伦理教学过程之中，形成了一整套完整的教学体系。具体而言，主要包括以下几种方式：

（1）案例教学法。在法律职业伦理教学中，案例教学法一般是重温那些被纪律裁判所或法院认为存在不当行为的实际案件，该教学方法展示事实，实际揭示裁判所和法院如何处理相关伦理问题。

（2）问题中心方法。在加拿大法学院中，最广泛应用的法律职业伦理教学方法为问题中心方法。借助这种方法，学生要面对涉及伦理难题的假设事实情境，使用他们的伦理知识和道德标准，应用法律行为规范和规则去分析、解决伦理问题。

（3）苏格拉底教学法。通过苏格拉底教学法，法学院的学生在面对法律职业伦理问题时，会遭遇教授者不断的追问，这种方法对教员的要求较高，也能让学生深入地反思自己的伦理思维，因而在法律职业伦理的教学中较为成功。

（4）讨论法。讨论法意在使学生对法律职业伦理问题形成“深刻的观点和感知能力”，一般而言，讨论法都在小规模的学生中应用，使得学生能够亲自参与到伦理困境的解决中去，通过这种方式，刺激他们形成“更反思性的道德推理能力”。[1]

（5）其他方法。除了以上方法之外，在加拿大法学院的法律职业伦理教学中，还综合应用影像展示、合作课程活动、讲座方式等综合开展法律职业伦理的教学，这些多元方法的应用，使得法律职业伦理教育形成了一整套完整的教学体系。

六、韩国的法律职业伦理教育

韩国自1945年以后，在大陆法系法学教育传统的基础上，借鉴英美法系法学教育的经验，并结合韩国的历史传统与法律文化，建立了具有混合特点和多元化特征的现代法学教育体系。现行韩国法学教育贯彻以职业教育为主、以通识教育为辅的教育理念，既不

---

〔1〕 Johnstone, Treuthart, Doing the Right Thing: An Overview of Teaching Professional Responsibility in Teaching Legal Ethics: a Symposium 41 J Legal Educ (1991) 75, p.97.

是完全的职业教育，也不是完全的通识教育。[1]在课程结构、教学内容和教学方法中，实际上力图把这两种理念结合起来，以培养具有扎实基础理论与具体操作能力的各种法律人才，从而能够适应社会各方面的需求，培养出能够实践民主和正义的法官、检察官、律师和社会各个领域的领导人。其中，民主主义和正义价值的实践，要求所培养的法律人才不仅具备扎实的基础知识和实际的操作能力，而且还要具备法律人才应有的伦理道德和职业道德。[2]

（一） 发展过程

在韩国，对法律人的职业伦理教育被称之为“法曹伦理”。韩国将从前通过司法考试和司法研修院培养法官、检察官和律师等法律人的制度，改革为仅有律师考试的法律人培养制度，并且局限在予以毕业于法学专门大学院（三年硕士课程）的人律师考试资格。在司法考试制度体制下，并没有对预备法律人的职业伦理教育予以太大的重视，[3]它对法律职业伦理教育的重视是随着法学教育改革而逐步确立起来的，相对新近。在司法改革的推进过程中，早在 1995 年至 1996 年、1998 年至 1999 年间，韩国分两次进行了法曹培养制度改革的尝试；到 2004 年，韩国成立了“司法制度改革推进委员会”；2005 年，韩国制定了有关设置法科大学院的法律，并加紧了司法改革的进程；2007 年 7 月，韩国国会通过了《法学专门大学院法》，该法规定要引进“法学专门大学院制度”。随着这种法律人选拔制度的改革，在 2009 年的 3 月共开创了 25 个法学专门大学院（入学定员 2000 名），并全部将法曹伦理科目设定为必修科目，而在 2012 年 1 月开展第一届律师考试之前，在 2010 年开展了第一届法曹伦理考试，继而在 2011

---

〔1〕 韩大元：“韩国法学教育的基本体制与改革趋势”，载《法学家》2002 年第 4 期。

〔2〕 徐东旭：“韩国法学教育与法曹培养制度的改革”，载《中国法学教育研究》2013 年第 3 期。

〔3〕 金星均：“韩国法律人职业伦理教育和律师考试”，载《“回应变革呼声：中国法律职业伦理”国际学术研讨会论文集》。

年开展了第二届考试。[1]

（二） 教育目标和内容

1. 教育目标

在法律职业伦理教育的目标上，由于韩国法学教育改革的样本为美国的law school，目标是形成一元化的法律职业系统，法学教育培养出的法律人要首先进入律师职业，然后经过不同的筛选条件，再走上法官、检察官岗位。因而，韩国的法律职业伦理教育目标实际上为“法曹伦理”，指向的却主要是律师职业伦理，法律职业伦理的教育目标在于，培养具有透彻的职业伦理意识和专业技能的律师，并且律师职业伦理为教育的核心。

2. 教育内容

在教育内容方面，律师职业伦理科目需要涉及的内容有多种，必须能够学到《宪法》、《律师法》等法律中有关职业伦理的规定和《律师伦理章典》的内容，以及相关判例等知识。由于要通过法曹伦理考试，在法律职业伦理的具体内容方面，法曹伦理的考试内容自然也就成了重要的教学内容，具体包括：律师伦理通论、律师和委托人之间的关系、保密义务、回避利益冲突的义务、事件受任和广告、报酬及利益分配、诉讼业务与律师伦理（包括在法庭上的律师伦理）、非诉业务活动中的职业伦理（包括公职律师及退休公职律师的律师伦理）、公司内部律师的职业伦理（与类似领域及其他领域之间的关系，包括对事务职员的监督责任）、律师责任和惩戒（包括法务法人等的构成形态与责任）、检察官及法官的职务伦理、外国法律顾问的职业伦理。

在技术性层面，教育内容中应当具备的法规法条包括：《律师法》、《律师法施行令》、《外国法律顾问法》和《外国法律顾问施行令》等法令；《法官伦理纲领》和《检察官伦理纲领》等规则；《大韩律师协会会则》和《律师伦理章典》等大韩律师协会会则；《律师惩戒规则》、《律师业务广告规定》、《利用互联网等对律师业

---

〔1〕 金星均：“韩国法律人职业伦理教育和律师考试”，载《“回应变革呼声：中国法律职业伦理”国际学术研讨会论文集》。

务做广告的基准》、《有关登录律师专业部门的规定》以及《律师研修规则》、《公益活动等的相关规定》等大韩律师协会规则。[1]

（三）教学方法

在教学方法上，韩国的法律职业伦理教育也在努力“全面西化”，尽可能吸收一切有效的教学方法应用到法律职业伦理的教学之中去，以提高法律职业伦理课程的被认同程度。具体而言，这些方法包括：

（1）参与式教学法：也就是由教授引导学生参与到法律职业伦理教学的情境之中去，全面体会、思考实际执业中可能遭遇到的各种伦理问题。

（2）苏格拉底教学法：也就是通过教师的不断追问，使学生全面思考在面对执业伦理困境时的选择，这种教学方法要求学生进行全面预习，对学生的要求较高。

（3）问题中心教学法：以 4－6 名学生构成一个小组，再向每个小组分配律师实务中可能会接触到的伦理性矛盾状况，并引导他们共同研究和讨论在此种情形下的律师最佳处境。

（4）法律诊所教学法：通过法律诊所让学生处理实际案件，并在此过程当中体验职业伦理问题。因法律诊所主要处理公益事件，因此可以让学生感受社会弱者的困难。对于人的痛苦和期望毫不关心的人是无法成为一个优秀的法律人的，因此，活用这种机会对律师伦理教育有着重大影响。[2]

七、结　论

由于资料所限，这里并不能对世界上主要国家的法学院校的法律职业伦理教育情况进行一一介绍。但从比较法社会学的角度而

---

〔1〕 以上内容根据金星均教授的文章整理而来。参见金星均：“韩国法律人职业伦理教育和律师考试”，载《“回应变革呼声：中国法律职业伦理”国际学术研讨会论文集》。

〔2〕 参见金星均，“韩国法律人职业伦理教育和律师考试”，载《“回应变革呼声：中国法律职业伦理”国际学术研讨会论文集》。

言，对美国、澳大利亚、加拿大和韩国法学教育中法律职业伦理的情况的梳理，也可以让我们对照我国的法律职业伦理教育，初步得出如下的结论：

第一，法学院校对法律职业伦理课程的重视程度不及发达国家。无论是美国、澳大利亚、加拿大，还是韩国，其法学教育中，对职业伦理的教育要么相对成熟，具有完整的课程体系、规制标准、教学方法等；要么已经走上改革的道路，从职业准入和法学教育标准的角度对法律职业伦理加大重视。但无论是何种处理方式，对于法学教育的职业教育属性，这些做法都已经将其职业性的伦理一面彰显出来。在这方面，我们无论是在教育目标上，还是在具体的课程设置上，都处于严重落后的阶段。尽管有些院校中，已经开始对这一问题进行重视，[1]但普遍的轻视气氛，使得法律职业伦理的地位在整个法学教育体系中，始终处于弱势，这是我们迫切需要改变的局面。

第二，在教学方法方面，法律职业伦理教学方法的单一性还比较明显。尽管如中国政法大学这些少数院校已经开始了对法律职业伦理课程的关注，但是在具体的教学过程中，统一的课程讲授式教学法与法律职业伦理所要求的多样化教学方式还相去甚远。鲜有国内法学院校采用案例教学法、苏格拉底教学法、法律诊所、角色扮演、影像资料等方式来进行法律职业伦理的教育，学生对职业伦理的感受也就停留在知识记忆的程度，很难真正内化到未来的职业行为选择之中，因而效果也就差强人意。

第三，在课程设置方面，一元化设置缺陷明显。与国际上先进的国家相比，中国的法学教育体系中，法律职业伦理的教育基本上不存在课程设置方式的争论，几乎没有哪个法学院会提出通过“贯

---

〔1〕 如中国政法大学法学院就有专门的法律职业伦理教研室，在许身健教授的领导下，做了大量的工作，但这在国内属于极为稀少的个例，不具有代表性。并且，即便是在中国政法大学这个法律职业伦理研究和教学较为发达的法学院中，法律职业伦理课程也不过是一门只有2学分的选修课，完全没有纳入主流的课程体系之中，不能不说，这是非常令人遗憾的。

穿式”教学方法来设置法律职业伦理的课程教授，这就使得内容范围极其宽泛的法律职业伦理无法触及真正的执业知识层面，从而也就远离了它所依存的基础，沦为一种没有地基的空中楼阁。

第四，在学科研究方面，代表性的研究极为稀缺。从一定程度上说，以上缺陷是导致代表性研究成果稀缺的一个原因，但同时，过少的学者关注法律职业伦理反过来也导致了法律职业伦理在法学教育中不受重视。近年来，尽管在这一领域，出现了一些具有代表性的研究者和研究成果，如王进喜、许身健、李学尧等，但与国际层面相比较，无论是从研究者的数量，还是从研究者在国内法学圈的影响力来看，都相对有限，这也就使得我国法律职业伦理教育不能得到真正的重视。

当然，以上比较结论，只是限于与美国、澳大利亚、加拿大和韩国的对比，世界上其他国家的法学院校中的各种情况也都存在着多样性。但是，在中国走向世界的过程中，作为国家重要软实力的法治力量，应该向先进的国家学习和靠近，因而，这里的结论值得我们重视和警醒，并真正行动起来，原因在于，对法律职业伦理教育的重视已经时不我待。

卓越涉外法律人才质量评价指标体系的设计和应用*

◎ 谢　伟**

2011 年 12 月，教育部、中央政法委联合下发了关于《实施卓越法律人才教育培养计划的若干意见》，明确提出“要适应世界多极化、经济全球化深入发展和国家对外开放的需要，培养一批具有国际视野、通晓国际规则，能够参与国际法律事务和维护国家利益的涉外法律人才，”要“把培养涉外法律人才作为培养应用型、复合型法律职业人才的突破口。”自此，国内掀起了一个研究热潮，出现了很多关于卓越涉外法律人才培养的研究成果。

一、国内外关于卓越涉外法律人才的主要研究成果综述

黄进以中国政法大学在卓越法律人才培养上的探索为

---

* 本文系广东省教育科研“十二五”规划 2013 年度研究项目《卓越涉外法律人才质量评价指标体系研究——以广东高校为视角》的阶段性研究成果，项目批准号：2013JK064。

** 谢伟，男，法学博士，经济学博士后，广东财经大学法学院教师。

主，提出实施“有灵魂”的通识教育，奠定卓越法律人才的综合素质基础；创新“四跨”人才培养模式，构建卓越法律人才的复合型、应用型知识结构；强化实践教学环节，提升卓越法律人才的法律实践能力。其中特别提到中国政法大学将国际化作为自己重要的发展战略，并围绕这一战略目标实施项目保障、模式保障与教学资源保障。[1] 王利明提出：“涉外型法律人才旨在适应世界多极化、经济全球化发展和国家对外开放的需要，培养具有国际视野、通晓国际规则、能够参与国际法律实务和维护国家利益的涉外法律人才。对于涉外型法律人才，主要应当开设用全外语讲授的课程和比较法、国际法课程，尤其是应该以加强双语教学为重点，为学生提供更多具有国际水平的法学教育资源，在必要时也应当开设介绍外国法律文化的课程。注重聘请在涉外仲裁、海事、知识产权等部门具有丰富经验的实务专家，讲述相关课程。也应当注重案例库建设，提高案例教学水平，改进教学方法，促进学生将学习与实践相结合。”[2] 曾令良提出：“卓越涉外法律人才的培养必须具备一系列卓越要素，这些要素主要包括但不限于卓越的培养方案、卓越的课程体系、卓越的教师队伍、卓越的教材系列、卓越的教学方法、卓越的实习基地和卓越的图书馆。建立科学的评估系统是检验和保障卓越涉外法律人才教育和培养的必不可少的措施。”[3] 石佑启、韩永红认为：“涉外法律人才应具备跨文化交际能力、具有广博的法律专业知识、具备较强的法律实践能力、具备良好的法律职业伦理等。”[4] 万猛、李晓辉就涉外法律人才培养中的几个操作性问题，结合已有的部分实践做了些许思考，提出“从培养专门人才的角

---

〔1〕 黄进：“以提升人才培养质量为核心　悉力培育造就卓越法律人才”，载《中国高等教育》2012 年第 9 期。

〔2〕 王利明：“卓越法律人才的思考”，载《中国高等教育》2013 年第 12 期。

〔3〕 曾令良：“卓越涉外法律人才培养的‘卓越’要素刍议”，载《中国大学教学》2013 年第 1 期。

〔4〕 石佑启、韩永红：“论涉外法律人才培养：目标、路径和教学模式”，载《中国大学生就业》2012 年第 16 期。

度，涉外法律人才只能在大型院系的实验班和专门培养基地的院所中开展，而无法以大众教育的模式量化”[1]。

国外学者对中国高端法律教育的研究主要是从比较法的角度，分析中国高等法律教育的改革方式、绩效、原因等。如 Matthew S. Erie 于 2009 年 8 月在《法律教育杂志》（Journal of Legal Education）上发表的《中国法律教育改革——受到美国激励的制度移植》（Legal Education Reform in China Through U. S. – Inspired Transplants）中，指出中国的法律硕士（JM）培养是中国法律教育职业化改革的发端，这个改革在法学院获得收入方面是成功的，但在法律高端职业化人才培养上是失败的，事实上，中国的法学硕士是更有效的职业化途径。把中国法律教育改革建立在与中国有很大不同的美国模式基础上，很可能导致无法想象的后果。[2]

总结国内外学者对卓越涉外法律人才培养的研究，对卓越法律人才培养工作具有较强的指导性和启发性，但缺乏比较具体的研究对象，比如针对卓越涉外法律人才培养评价指标体系的研究，这是卓越涉外法律人才培养的重要依据和基础。

二、确定“三阶段三级”卓越涉外法律人才评价指标体系

作为一种精英法律人才教育，卓越涉外法律人才评价应该设立什么样的指标体系？采用层次分析法和模糊综合评价法，结合广泛的问卷调查和专家调查法，可设计出三阶段三级评价指标体系。所谓“三阶段”，是把卓越涉外法律人才的培养过程分为选拔、培训和考核三个阶段，而在每一个阶段，均可设立多维三级指标。

---

〔1〕 万猛、李晓辉：“卓越涉外法律人才专门化培养模式探析”，载《中国大学教学》2013 年第 2 期。

〔2〕 Matthew S. Erie, “Legal Education Reform in China Through U. S. – Inspired Transplants”, *Journal of Legal Education*, 59 (2009), p. 1.

表 1　三级卓越涉外法律人才选拔评价指标体系

<table>
<tr><td rowspan="17">卓越涉外法律人才选拔评价指标体系</td><td>一级指标</td><td>二级指标</td><td>三级指标</td></tr>
<tr><td rowspan="5">法律素养</td><td>法律语言</td><td>是否掌握司法用语、诉讼语言、非诉讼语言等法律语言，能否主动自如地运用等</td></tr>
<tr><td>法律知识</td><td>是否掌握法理、民商法、国际法、经济法等法学基础理论，掌握到何种程度等</td></tr>
<tr><td>法律思维</td><td>是否掌握法律思维的方法、三段论的理解和掌握等</td></tr>
<tr><td>法律信仰</td><td>是否从内心敬畏法律，是否承认执法必严，是否主动守法等</td></tr>
<tr><td>法律道德</td><td>是否诚实信用，有无逃避法律、规避法律行为等</td></tr>
<tr><td rowspan="6">法律基础理论和其他相关领域知识</td><td>法理学</td><td>考试成绩是否优秀或者良好，面试成绩如何、案例法理分析</td></tr>
<tr><td>民商法</td><td>考试成绩如何、面试成绩、回答问题、法律规范的理解和掌握程度</td></tr>
<tr><td>经济法</td><td>考试成绩、面试成绩、回答问题、法律规范的理解和掌握程度</td></tr>
<tr><td>国际法</td><td>考试成绩、面试成绩、回答问题、法律规范的理解和掌握程度</td></tr>
<tr><td>自然科学知识</td><td>是否了解和掌握数学、物理学、化学、工程学等领域的基本理论和方法</td></tr>
<tr><td>社会科学知识</td><td>是否了解和掌握经济学、管理学、社会学等基本理论和方法</td></tr>
<tr><td rowspan="3">外语能力</td><td>应试能力</td><td>是否通过大学英语 4 级或 6 级考试</td></tr>
<tr><td>沟通能力</td><td>是否通过口语测试、是否能和外教直接交流</td></tr>
<tr><td>交际能力</td><td>是否参加英语角、是否参加涉外活动</td></tr>
</table>

第一阶段，根据选拔指标体系选拔出卓越涉外法律人才；第二阶段，在根据选拔指标体系选拔出卓越涉外法律人才之后，应针对性地设置课程培训；第三阶段，对经过培训之后的卓越涉外法律人才进行考核评价，以确定是否达到培养目标、是否具备实际从事涉外法律实务的能力。

表2 卓越涉外法律人才考核评价指标体系主要指标

指标名称	指标功能	指标的实施	指标考核评价反馈
外语工作能力	衡量和评价学生应用外语进行涉外法律活动、撰写涉外法律文书的能力	案例分析	增加/减少案例分析
		模拟法庭	增加/减少法庭辩论
		课堂讨论	增加/减少课堂讨论
		单位实习	增加/减少实习时间
专业法律技能	在不同职业领域掌握的法律技巧	诉讼业务	增加/减少诉讼业务
		非诉讼业务	增加/减少非诉讼业务
法律基础理论	从事法律职业的理论基础	课堂提问、闭卷笔试	增加/减少法理学习内容
现行法律法规	从事法律职业的法律基础	课堂提问、闭卷考试	增加/减少法律规范的学习和理解
语言表达能力	从事法律职业的自然基础	面试、写论文、课堂提问、案例讨论	增加/减少语言表达能力的训练
组织沟通能力	从事法律职业的基础	课堂讨论、实习表现	增加/减少组织沟通能力的训练
独立工作能力	能否独当一面的评价	独立办案、独立解决问题	增加/减少独立工作能力的训练
抗挫折能力	能否在竞争中取胜	疑难案例分析、疑难问题解决	增加/减少抗挫折能力的训练
学习应变能力	能否及时更新知识	新案例、新问题的出现和解决	增加/减少学习应变能力的训练
法律知识	了解和掌握基本法律知识	案例分析、课堂提问、闭卷笔试	增加/减少法律知识的学习，或选择其他方法达标
法律信仰	具有崇高的法律信仰，坚信法律的作用和价值	案例分析，特别是对法律与权力、法律与人情有冲突时的考量	增加/减少法律价值的学习，或选择其他方法达标
法律伦理	具有良好的法律职业道德	案例分析，特别是对法律与利益的冲突处理	增加/减少法律职业规范的学习，或选择其他方法达标

续表

指标名称	指标功能	指标的实施	指标考核评价反馈
创新性思维能力	能否寻找解决法律问题的多种途径、多角度思考法律问题	案例分析的头脑风暴法、案例分析大赛	增加/减少案例分析讨论，或选择其他方法达标
理解问题能力	能否正确理解跨学科问题、复杂法律问题	跨学科问题的思考和解决、解决案件工作坊、疑难案例讨论	增加/减少解决实际问题的提供，或解决案件工作坊，或选择其他方法达标
解决问题能力	能否正确应对各种疑难案例，解决棘手法律问题	在导师指导下独立办案，或参与重大复杂疑难案件	增加/减少疑难案例实习，或选择其他方法达标
其他能力（根据实际需要和社会发展，适时提出新的指标）	适应社会变迁发展需要，是应变和适应能力的一个重要体现	根据社会发展需要，对卓越涉外法律人才提出新的要求，进行相应的评价	增加/减少相应指标能力的训练

三、卓越涉外法律人才评价指标体系的应用

目前的卓越涉外法律人才培养类型没有细化，造成卓越涉外法律人才教育停留在一般的教育模式上，忽视了卓越涉外法律人才的专业性要求。应根据社会的多样化需求，按照不同领域对涉外法律人才的不同要求，适应多样化法律职业要求，坚持厚基础、宽口径，强化学生法律职业伦理教育、强化学生法律实务技能培养，提高学生运用法学与其他学科知识、方法解决实际法律问题的能力，促进法学教育与法律职业的深度衔接，实行三位一体的课程设置、多样化教学和考核评价。为此，应分类实施卓越涉外法律人才教育质量评价指标体系。

（一） 按照卓越涉外法律人才评价指标体系分类确定课程体系

在培养卓越涉外法律人才的课程设置中，要以质量评价指标

体系为依据，从心理学和高等教育学的规律出发，采取激发学生的兴趣、课程设置专门化与综合化结合的方式，**设立以提高学生涉外法律实践能力为主要目标的课程体系**。

在课程设置中，**以培养服务于涉外经济发展急需的涉外法律人才为导向，整合法律双语课程和案例教学课程，根据卓越涉外法律人才的兴趣爱好和就业规划，开设不同的法律双语**和案例教学课程。如卓越涉外金融法律人才培养应开设金融法律英语，涉外医事法律人才培养应开设医事法律英语，国际贸易法律人才培养应开设国际商业英语。法学专业的双语课程应重在语言能力的培养，交际技巧的提高，应以运用专门学科法律英语认知、了解和掌握不同外文资料解决涉外法律问题的能力培养为主；同时，应实行与各高校办学特色相结合的综合培养模式，发挥本校的优势，强强联合，实现优势资源互补。

在课程设置上可参照美国 JD 与专业相结合的课程设置。美国公共健康法律职业博士课程是美国培养高端职业法律人才的成功典范，该课程在美国各大学法学院推出以来，培养的学生受到社会的普遍欢迎。在课程设置上，采取了整合法学专业课程和职业课程的方法。美国的公共健康法律职业博士课程，对法学专业学生要求的额外课程有（从中任选3门）：

表3 美国公共健康法律职业博士课程设置：法学专业学生

课程编码 Course number	课程名字 Course name	学分学时 Credit hours
CPH 500/HPRO 830	公共健康基础 Foundations of Public Health	3
CPH 501/HPRO 860	健康行为 Health Behavior	3
CPH 502/HSRA873	健康行政管理 Health Services Administration	3
CPH 503/ENV 892	公共健康，环境和社会 Public Health, Environment & Society	3

续表

课程编码 Course number	课程名字 Course name	学分学时 Credit hours
CPH 504/EPI 820	公共健康流行病学 Epidemiology in Public Health	3
CPH 505/HPRO 805	公共健康应用研究 Applied Research in Public Health	3
CPH 506/BIOS 806	生物统计学一 Biostatistics I	3

对公共健康专业学生要求的额外课程有（从中任选 2 门）：

表 4　美国公共健康法律职业博士课程设置：公共健康专业学生

课程编码 Course number	课程名字 Course name	学分学时 Credit hours
Law 633/G	行政法 Administrative Law	3
Law 722	农业环境法 Agricultural Environmental Law	3
Law 704/G	农业法 Agricultural Law	3
Law 684/G	生物伦理法 Bioethics & Law	2
Law 732/G	宪法 II Constitutional Law II	3
Law 602	老年人法 Elder Law	
Law 623/G	环境伦理和法律研讨会 Environmental Ethics and Law Seminar	3
Law 641/G	环境法 Environmental Law	3
Law 630/G	家庭法 Family Law	3

续表

课程编码 Course number	课程名字 Course name	学分学时 Credit hours
Law 679	食品安全管制法 Federal Regulation of Food Safety	3
Law 701/G	健康护理资助研讨会 Health Care Finance Seminar	3
Law 699/G	土地使用规划 Land Use Planning	3
Law 703/G	法律和医药 Law & Medicine	3
Law 744	立法和政治过程 Legislation and the Political Process	3
Law 763/G	精神健康法 Mental Health Law	3
Law 772/G	精神健康法律研讨会 Mental Health Law Seminar	3
Law 772/G	产品责任法 Products Liability	3
Law 788/G	州和地方政府法 State and Local Government Law	3
Law 728	法律解释 Statutory Interpretation: Practice and Policy	3

参考以上美国公共健康法律职业博士的课程设置，尤其强调学生的爱好和兴趣，充分运用心理学和高等教育学中的动机理论、激励理论、学习理论，激发学生的主观能动性、创造性，设置的课程本身强调专业性和实用性，理论性课程设置应比较少，对课时要求应比较有限，把大量的时间留给学生参与实际操作，获得实际工作技能和经验，同时在课程设置上采用了多样化的方法，根据专业要求和实际情况，设置多门课程供学生选择，使学生可以根据自己的兴趣和爱好来选择。

根据质量评价指标体系，对卓越涉外金融类法律人才以提高法律素养、达到专业法律技能、强化外语工作能力等指标为目的的培训课程设置如下：

表5 卓越涉外金融法律人才课程设置之一：法学专业学生

复合型理论基础课程	法律素养课程	法律实践课程
金融法律英语	法律逻辑推理	金融涉外法律实务
投资学	案例推理分析	公司涉外法律实务
公司财务	美国典型诉讼案例分析	银行涉外法律实务
复合型理论基础课程	法律素养课程	法律实践课程
财务会计	欧盟典型诉讼案例分析	涉外非诉讼律师代理
货币银行学	国际金融法律规则	涉外诉讼律师代理
国际金融法	法律文书写作（侧重金融类）	法庭辩论技巧
财政学	律师职业道德	政府涉外律师实务
国际贸易	法官职业道德	国外律师事务所实习
跨国公司金融	检察官职业道德	人大实习（涉外立法）
社会主义经济理论与实践	公务员职业道德	法院或检察院实习（涉外司法）
国际贸易	模拟法庭（法律诊所）	涉外行政机关实习（法规政策部门，执法）
微观经济学	涉外金融政策法规	涉外银行实习（侧重法务部门）
宏观经济学	涉外银行政策法规	涉外保险公司实习
金融学	涉外保险政策法规	信用社实习
统计学	涉外票据政策法规	信托投资公司实习

总体上，可把多维三级指标体系划分为课程设置的三个模块，即复合型理论基础课程、法律素养课程和法律实践课程。其中，复合型理论基础课程主要是为提高语言表达能力指标、外语工作能力指标、理解问题能力指标、解决问题能力指标等，法律素养课程主要是为提高法学的法律知识、法律信仰、法律文化、法律意识等指标，法律实践课程主要是为提高学生的抗挫折能力指标、独立工作能力指标、沟通能力指标等。

卓越涉外法律人才评价指标体系对金融专业的学生，应适当增加法律专业的理论和实践课程；反之，对法学专业的学生，则适当增加金融专业的理论和实践课程。特别要注意的是，理论课程主要是基本理论，以学生掌握基本理论为目的，而侧重于法律实践课程的增加。即注重金融专业知识和法律知识的整合运用，同时还应注意增加其他学科的专业知识。在此基础上，注意保证复合型理论课程、法律素养课程和法律实践课程并重，尤其要注意加大实践课程的比重。

表6 卓越涉外金融法律人才课程设置之二：金融专业学生

复合型理论课程	法律素养课程	法律实践课程
法律逻辑学	法律逻辑推理	金融涉外法律实务
民法学Ⅰ（总论）	案例推理分析	公司涉外法律实务
商法学	律师职业道德	律师涉外诉讼实务
金融法学	法官职业道德	非诉讼涉外律师实务
经济法学	公务员职业道德	银行涉外法律实务
担保法学	检察官职业道德	人大实习（立法）
保险法学	公务员法律法规	法院、检察院涉外实习（司法）
票据法学	金融政策法规	涉外行政机关实习（法务部，执法）
国贸法律英语	银行涉外政策法规	法庭辩论技巧
刑法Ⅰ（总论）	保险涉外政策法规	涉外保险公司实习
刑法Ⅱ（分论）	票据涉外政策法规	涉外信用社实习
民法Ⅱ（分论）	国际金融法	涉外信托投资公司实习
环境资源法学	国际商法	国外律师事务所实习
行政法学	国际贸易法	涉外银行实习
宪法学	模拟法庭（法律诊所）	法律援助实务

上述课程并非要求学生全部修完，学生可依据自己的兴趣和爱好选修其中的2－3门，只要修满学分即可，此即所谓动态课程体系，实际是指，所有课程都应以卓越涉外法律人才质量评价指标体系中的指标为依据，着重培养学生的外语工作能力、法律职业能力和法律素

养，注重引导学生逐渐形成准确的语言沟通理解能力和正确的法律逻辑思维，谙熟法律逻辑推理，形成正确的法律意识，了解正确的法律背景和法律文化。特别是法律实践课程应以培养学生的实际法律工作能力为主，注重学生处理法律实务的技巧、技能的掌握。

（二） 按照卓越涉外法律人才质量评价指标体系确定不同教学方法

卓越涉外法律人才评价指标体系中，外语能力指标和法律技能指标举足轻重，应以此确定实施多样化、不同功能的教学方法。普遍设立双语实践性课程，双语案例教学法重在以案例分析，培养学生形成正确的法律思维方式，把抽象的法律规范转化成形象的法律事实，通过学生主动参与，激发学生的学习兴趣；而双语法律诊所则注重互动式的个案指导，更加强调诊所的专门性和专业性；解决案件工作坊则要求学生直接以律师（见习律师）的身份接受委托，代理诉讼案件和非诉讼案件，当然，这种代理要接受导师的指导，只是独立性要比案例教学和诊所式教学更高一些，导师只对一些关键性的环节发表意见，非关键性环节则主要由学生自主实施。双语案例分析可为法律诊所奠定基础，而法律诊所可为学生在学校接受更高层次的法律实务训练提供机会和场合，双语解决案件工作坊侧重案件的解决和学生独立工作能力的培养。

在具体实施双语案例课堂教学时，应注意正确理解和适用多样化双语案例教学方法。应该把按照卓越涉外法律人才质量评价指标体系设置的课程体系、为实施课程体系而采用的多样化案例教学方法，作为实施考核评价指标体系的一个过程，在这个过程中既通过课程设置初步实施指标体系的各项指标，也通过多样化案例教学方法具体实施指标体系的各项指标，通过教学实施后的考核评价也可以反馈和改进质量评价指标体系的各项指标。以下是卓越涉外法律人才多样化双语案例课堂教学的简易实施流程图（见图1）。

在多样化双语案例教学的实施过程中，还应注意将每种教学方法的适用与评价指标体系中的指标衔接起来。比如，课堂解释型案例是讲解知识点，课堂测试型案例则是考查知识点。在双语法律诊所或解决案件工作坊的实施过程中，应注意依据卓越涉外法律人才质量指标体系中的指标，始终以提高学生的双语工作能力为目的，始终以提高学生的法律实践能力和专业技能为目标，尽量使用双语进行教学，尽量以学生为主体。在教学过程中，应注意激发学生的学习兴趣，保持学生的学习热情，以卓越涉外法律人才质量指标体系中的各单项指标为标准，指导学生参与双语案例教学、双语法律诊所和双语法务工作。

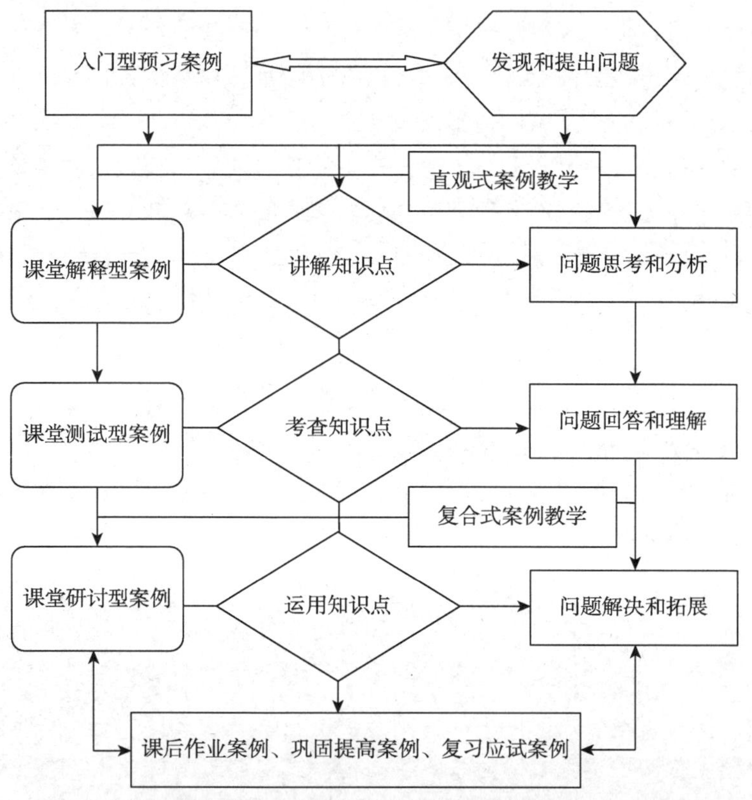

图1 卓越涉外法律人才多样化双语案例课堂教学法实施流程[1]

应树立质量评价指标理念，以卓越涉外法律人才质量评价指标体系的指标为依据、目标和目的。课堂案例教学虽然能够调动学生

---

〔1〕谢伟：“环境资源法教学案例库的设计与应用”，载《中国法学教育研究》2014年第1辑。

的参与积极性，在一定程度上贯彻实施卓越涉外法律人才质量评价指标体系中的各项指标，但这种教学方式毕竟还不同于学生的自我实践。学生需要在课堂双语案例教学的基础上，进一步提高运用双语的能力和运用法律规范、法学理论解决实际问题的能力。为此，应为卓越涉外法律人才设置双语法律诊所和双语解决案件工作坊。根据卓越涉外法律人才评价指标体系中的专业法律技能、组织沟通能力、独立工作能力、解决问题能力等指标的要求，设立和实行双语法律诊所和解决案件工作坊。在双语法律诊所和解决案件工作坊

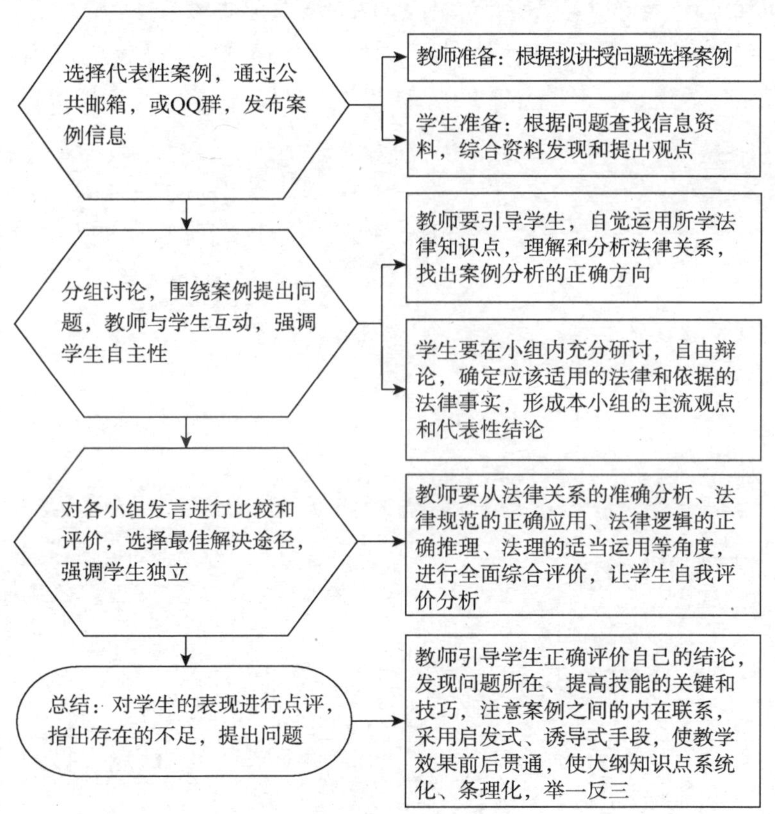

图 2 卓越涉外法律人才双语法律诊所/解决案件工作坊教学流程〔1〕

---

〔1〕 谢伟："环境资源法教学案例库的设计与应用"，载《中国法学教育研究》2014 年第 1 辑。

中，应以学生为主导，教师为辅助。学生要敢于解决疑难法律案例，由浅入深、逐步强化自觉运用双语和其他人沟通交流，解决问题。而教师则应善于运用自我效能理论激发学生的求知欲和强烈的兴趣，克服双语交流带来的困难，必须使学生逐渐意识到，卓越涉外法律人才的培养不是一朝一夕，而是循序渐进、逐步提高的过程。

（三） 卓越涉外法律人才考核评价指标体系

综合运用自我效能理论、目标设置理论、挫折理论等激励理论，建立和完善以法律职业表现、外语工作表现为指导的考核评价指标体系。作为精英法律人才，应结合每个学生的具体情况，结合卓越涉外法律人才质量评价指标体系，为每个学生量身设计切合实际的培养规划并逐步实施，以规划完成后是否达标作为考核评价的依据。

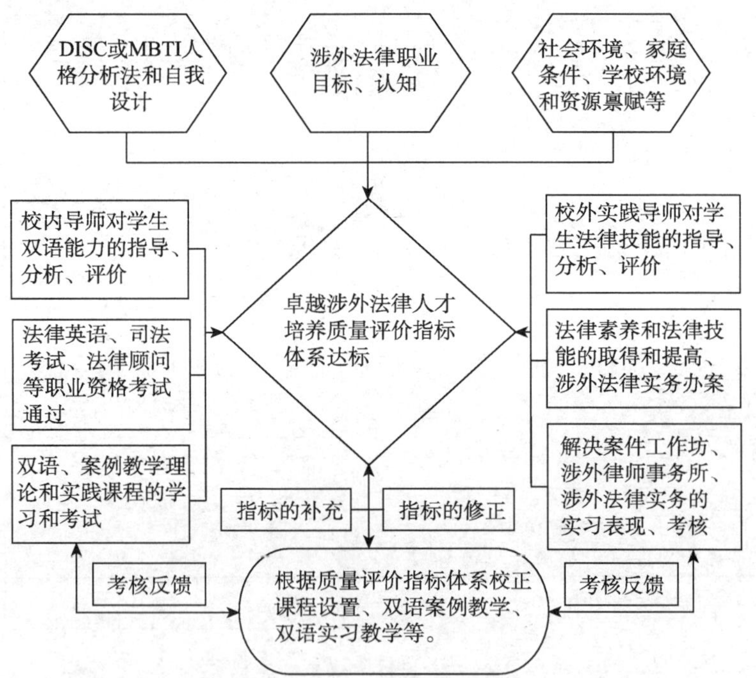

图3 卓越涉外法律人才依据质量评价指标体系考核流程

学生应基于卓越涉外法律人才质量评价指标体系中设定的各项指标，运用人格分析法进行自我设计，基于对涉外法律职业的认知和自己的就业目标、理想信念等主观因素，结合自身的条件、资源禀赋等个人客观因素，制定适合的就业规划，通过依据卓越涉外法律人才设置的课程体系中的各项课程的考核成绩，通过在依据卓越涉外法律人才设置的不同教学方法中的实际表现，以及学生掌握的复合型理论和知识基础上形成的正确的自我认知，运用经济学、管理学、社会学等知识进行的自我设计，来综合确定学生是否达到卓越涉外法律人才质量评价指标体系的各项指标的要求，通过学生参与市场竞争，在市场竞争中的实际表现修正指标。

在具体实施卓越涉外法律人才评价指标体系过程中，应注意针对反馈改进的情况，综合运用目标激励、按需激励、强化激励、公平激励、成功激励、归因激励等方法，对卓越涉外法律人才给予适当的正强化激励和负强化激励，就每个学生所欠缺或不足的单项指标进行有针对性的改进和提高。以下是学生就卓越涉外法律人才评价指标体系中的单项法律技能指标实施改进结构图：

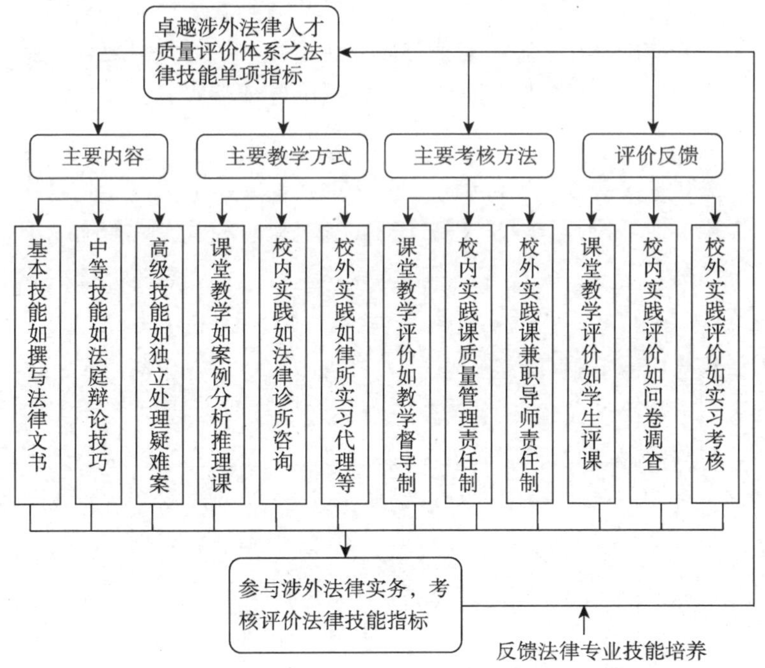

图4　卓越涉外法律人才法律专业技能指标实施改进结构图

比如，涉外金融法律人才培养，根据卓越涉外金融法律人才质量评价指标体系，对每个涉外金融法律人才制定具体的培养规划，分年度、分阶段实施，考核评价的具体实施办法。根据学生未来的职业规划不同而选择不同的实践方法，比如对将来拟从事涉外律师职业的学生，可选择涉外律师事务所实习；对将来拟从事涉外仲裁职业的，可选择涉外仲裁机构实习；对将来拟从事企业涉外金融法律职业的，可选择相应的涉外金融机构法务部门实习。在实习进行中和完成后，给予适当的奖励和惩罚，奖罚分明，以奖为主、以罚为辅，及时强化，奖人所需。

为贯彻落实卓越涉外法律人才培养指标体系中法律技能的指标要求，卓越涉外法律人才培养应真正增加“请进来、走出去”的方式，切实贯彻双导师制。把本校卓越法律人才培养教师送到公检法等法律实务部门挂职锻炼，或做兼职律师、法律顾问等；同时，引入公检法、律师事务所、企业法务部等实务部门的资深法官、检察官、律师、法律顾问等具有丰富实践经验的人士担任兼职导师。为避免兼职导师不作为，应选择责任心强、有时间、有兴趣、喜欢从事兼职导师工作的资深人士，同时，明确规定其职责，并制定适当的激励和惩罚措施。

为贯彻落实卓越涉外法律人才培养指标体系中的沟通和交际能力指标，应坚持开展法学院和法律实务机构、相关专业机构、用人单位等联合培养的模式。为提高培养质量，应建立卓越涉外法律人才培训交流机制，扩大各个卓越涉外法律人才主办院校之间的交流，建立协同培养卓越涉外法律人才机制，利用好校内、校外多个资源。卓越涉外法律人才培养院校应广泛建立校内和校外实践基地，校内实践基地可由学校统一协调建立，而校外实践基地则可通过省级教育厅协助构建。对卓越涉外法律人才培养机制的改革创新，还应关注欧美发达国家、新加坡、我国香港和台湾地区等法律高端专业人才培养模式的改革和发展。

法学本科教育的有效性

◎ 王志权　杜　娟*

"什么样的知识是最有价值的?"这应该是所有教育工作者都必须思考的终极问题。教与学之间的关系永远都处在一种相互纠结的矛盾之中。"一张考卷定成绩",这已经在我们本科教学中成为几十年未变的考核课堂教学效果的主要方式。尽管高校都在试图通过其他辅助性的考核方式来改变这一现象,但都无法突破高校教学中"重结果,轻过程"的教学评估体系。在高校管理中,不分专业却适用的是统一的评估内容和标准。文科与理科的教学内容存在差异,法学与史学所培养的方式存在不同,统一的教学评估标准是在促进教学还是限制教师的个性呢?"重理论、轻应用;重形式、轻能力"的评估标准限制了多元化的教学手段和专业性教学目的的实现。

法学的专业能力原本是应用性非常强的,但为什么我们培养的学生大多数毕业时却缺乏独立处理一个案件的能力呢?高校的法学本科教学目前是以单科讲授和考核为主要的教学方式,每个专业教师都是本专业的专家或精英。

---

* 王志权,男,讲师,辽宁大学法学院;杜娟,女,副教授,中国政法大学法律硕士学院副院长。

但是这种被无意间割裂的专业教学培养模式使学生的知识变得支离破碎。一个案件的处理需要综合性的知识和能力的运用，但是单门课程的结课方式、漫长的四年的学习过程，根本无法检验学生综合性解决问题的能力。为什么法学专业会从十年前的热门专业一下变成最难就业的专业之一呢？难道是中国的法律人才过剩了吗？笔者认为，更多的还应该从法学教学本身来思考这一问题，法学的本科教学需要以教学的有效性为核心评估标准。

一、传统教学效果评估已不适合法学教学需要

（一）单一的评价标准限制了多样化的教学手段的运用

为考评教师的课堂教学效果，高校都会制定考核标准。考核标准主要包括：教师的职称、教师的科研能力、课堂纪律、组织教学、教师的敬业程度、教学风格、多媒体教学手段运用、理论与实践相结合的程度、课堂气氛、教材选用等。从考核标准的复杂程度来看，教学管理者无所不用其极地想要把考核的各项设定得全面。但这势必引起另一方面的问题——评价标准的单一性，千人一面的评估标准，势必会抹杀不同课堂的教学特色，也会消减教师自我完善的积极性。

上述的评价标准并没有揭示不同教学科目的特点，而且教学评价的对象集中在教师的行为本身。教师在课堂上的表现多限于展现个人的魅力，因为课堂的教学评价标准对教学效果检验缺乏有效的内容，而过多地集中在了对教师个人能力的评价上。学生学习内容、方式和目标被简单地标准化，无法体现因材施教，学生个体的差异性并没有在传统的评估标准中体现。对教师的评价缺乏弹性和宽容，体现了教学管理者有意无意地试图将自己对教学理念的理解，以“标准化的服务”强加于其他教师的倾向。教学标准的评价主体是专家和学生。但作为知识接受者的学生不去检讨自己所获得的知识，作为专家不根据自己的教学经验却根据一个被标准化了的模式去考评教师。无论是学生还是专家，对教师的评价已经被限定在标准化的评价标准之下，因此，作为教师是否还有热情改革教

学，追求更好的教学效果？将学生和专家的被固定化了的评价结果与种种教学奖惩直接挂钩，这也就难免造成部分教师对学生一味地“讨好”和“忍让”。

现在很多高校课堂上，学生的到课率是凭借着老师的点名来保证的，部分学生到课只是为了点名，之后又逃之夭夭。上课已经10分钟了，还有学生拎着早餐向教室晃去。很多教师对此只能哀叹现在的学生素质低。现在越来越大的就业压力不可能再让我们的学生不去学习了，那么到课率低的原因还是学生懒惰吗？教学对象的个体差异必然导致教学活动的特殊性，不能用统一的衡量标准来限定教师的授课内容和形式，否则，评价就会损失教育中最重要的东西——教师的能动性，容易泯灭学生批判性的学习精神与创造能力。

传道、授业、解惑是教师的天职。教师的传道是否能满足学生未来的需要；授业是否能让学生掌握生存的基本技能；解惑是教师能否在课堂上真正解决学生的困惑。但有的教师认为，高校就应该以理论教学为主。笔者并不反对高校教学的理论性内容，但是高校培养的学生最终还是要获得一个最基本的生存手段。高校应根据学生自己对未来的规划，有意识地引导学生根据自己对学科知识的认知来学习，并保证教师所教的内容是每个学生真正想要得到的，而不仅仅是他们所感兴趣的。作为未毕业的本科学生，并不完全清楚他们应该学习和掌握什么样的知识，这就需要任课教师有意识和有目的地进行必要的引导。教师或对理论纯熟、或对实践把握能力强，都可以通过自己的行为引导或影响学生对未来职业的规划和选择。而呆板的教学评价标准势必会影响教师的这种影响力。因此，以教学的培养目标价值为评价的方向，以学生的能力培养为教学评价的核心标准，应该更为实际一些。

法学的本科课程包含理论性较强的法理学和宪法学、经济法概论等课程，还包括实践性较强的诉讼法学等。学生学习民法、刑法等课程的兴趣较高，但对于宪法和法理学的学习就兴趣寡然。特别是对于宪法的学习要强调理论与实践的结合，可能会使很多老师都感到头疼。而诉讼法学被过多地限定在课堂上老师一板一眼的讲解，对于提高学生的动手实践能力是没有帮助的。多样化的教学模式和多种教学手段的运用是法学教学改革的必然，应当把教师的教学从关注课堂教学形式的本身，转变为重视学生对知识的实际掌握。

（二） 高校的外部环境不利于教师将工作重心转移到学生身上

目前，在高校各种排名的压力之下，各高校无论是引进人才还是教师的职称评定都以学术论英雄。这种政策性导向引起的连锁性反应就是教学工作被忽视。试想，还有多少教师安心于低回报的教学改革呢？作为高校的管理者，其初衷和现在的教改思路是好的，即通过科研来促进教学。科研对教学的促进作用是毋庸置疑的，但却不能因噎废食地忽视了高校教学本身。单凭科研数据作为硬性指标来评价一个学校的办学质量，原因也在于高校教师的教学评估并不能准确地评定学校的教学质量。但将科研能力作为一项指标来评价高校的办学质量是否合理呢？科研能力是否能直接转化为教学能力呢？目前的现状是，高校越来越像科研院所了。高校办学的外部竞争压力必然引起内部管理的变化，外部的政策导向是内部管理改变的外因条件。没有一个重视教学质量的外部环境，也就不会有一个重视教学的内部管理机制。教师的主要工作就是科研。教师评职称的标准只有发表一定级别的文章数量和科研课题带来的经费的数额；而在教学上的条件只是需要完成一定的教学工作量，对于教学效果根本没有任何要求。这样的政策性导向舍弃的是高等教育的根本。

我们作为高校老师到底有多难啊？一方面是科研的压力，一方面是教学的需要，在不同需求之间犹疑。人的精力毕竟是有限的，科研需要能够长时间沉下心来并且耐得住寂寞，但教学和实践却需要教师的活力和全身心投入。两节课讲授下来，还有多少精力去科研，何况科研前提是必须迅速使自己静下心来。两个矛盾的环境，必然要产生一个矛盾的人生。法学高校教师被分化成两个部分，一部分重视教学和实践，有的最终选择了离开教师队伍，即使有部分人还在高校坚持教学，也许只是在乎教师的身份；另一部分坚守着理论的前沿阵地，在课堂上向学生传达不同的学术观点和自己的学术观点。真正能够把教学和科研完美结合的教师并不多见。因此，学生的学习也就受到教师的工作重心的影响，无论是否对自己将来的职业规划有意义，只求一个考试的及格成绩和顺利的毕业结果。

（三） 重形式、轻效果的教学方式无法培养真正的人才

随着高校办学条件的改善，学校的教学设备不断升级。教学网络平台和多媒体教学设备成为教学的重要的环节，教师不再板书，不再敢走下讲台，这都是教师教学能力降低的表现。然而是否使用多媒体教学却成为了教学效果评估的一个标准。因此，多媒体的教学方式是否是另一种的"照本宣科"呢？

多媒体教学是一种教学手段，但这种手段的应用不能违背传道、授业、解惑的基本要求。多媒体教学内容的设计仍然不能违背教学的基本规律。但是很多教师的多媒体教学内容不过是课本内容的堆砌。课件的教学内容如何设定？每幅页面的文字数量应否有科学设计？是否重视教学的启发性？是否重视了学生的理解能力？多媒体教学的标准应该确立。从国外的网络教学流行后，很多教师都尝试利用多媒体的教学方式。但课堂教学不是知识的普及性教育，否则就不需要开办其他高校了，只需要一个北大就足够了。课件是否要每个学期上课前进行修改呢？课件对于部分老师的好处就是根本不再需要备课，教学也不再需要设计了。似乎多媒体教学就代表了先进的教学方式，而忽视了多媒体教学本身只不过是教学的手段罢了。

"关注学生的学习过程，强调学生的学习结果"。[1]这才是课堂教学和网络教学的根本的不同。课堂上教师的举手投足吸引到学生渴求知识的目光，在教学内容上的启发引导收获学生知识获得后的满足和对未解疑惑的表情，都是鼓舞教师将自己的身心投入到每一个教学细节上的动力。

---

〔1〕 清华大学教育研究院："美国大学靠什么保障教学质量?"，载《光明日报》2010年6月13日。

（四） 教与学在教学过程的异位，无法实现教学能力的升级

目前，高校教学效果的评价形式主要采取学生评价和专家评价，评价形式相对简单。由于学生对于真正需要什么样的教学效果并不是完全清楚的。因此，教师的个人魅力、知名度等因素就成为学生评价教学效果的重要因素。甚至有的学生为追求考试分数，不敢得罪任何教师，因此评分存在不真实的现象。专家的评价有一定可信度，但是也存在问题，学校往往是聘请已经退休的教师以专家的身份听课进行评价。专家根据个人好恶进行的评价，不仅缺乏公正的评价机制，也容易产生误评。“如果我们将教育的研究和管理交给那些懂行的人，我们就将获得最好的结果”。[1]

法学教学具有自身的教学特点，就是学生对实际问题的解决能力。现在的教学中，教师提出教学理论，然后再以案例的方式讲解理论的应用。这种教学方式往往被冠以案例教学的名称。实际上，这种教学方式并不属于真正的案例教学方式。一个成功的案例是否可能在学生毕业后的工作中被再次复制呢？这种教学在一定程度上可以吸引学生的注意力，但并没有将学生对问题实质的把握作为讲课的主要目的。评价法学的教学效果，应将通过课堂教学后学生解决问题的真实能力作为评价的标准。我们是否可以改变一下认识问题的角度？现在的教学中，教师和学生都养成了一种“懒惰”的习惯。教师喜欢自己讲授，这样就使教学过程变得简单和顺利；学生不再课前预习，而只需要课堂上记笔记。如果将教学案例先交给学生去解决，然后带着问题来接受教师的讲解呢？有的老师担心现在的学生没有这种能力，恐怕这是低估了现在学生们的学习能力和现在的学习环境。改变几十年未变的教学方式，也许会有令人惊奇的发现。所以，教学的评价形式也应该随着时代的发展创新了。

（五） 单科结业无法满足培养学生综合能力的需要

现在高校普遍采取的是单科结业的考试方式，学生凭一张考卷来证明自己的学习效果。考卷的内容、难易程度都是由任课教师确

---

〔1〕【美】罗伯特·M. 赫钦斯：《美国高等教育》，汪利兵译，浙江教育出版社2001年版，第11页。

定。考试考核的往往是学生的记忆能力而非学生解决问题的能力，因此可以看到高校教室的怪现象，平时空荡荡的教室在考试前人满为患。学生考前占座出租的现象已经见怪不怪了。学生的结业成绩无论高还是低，只求及格的现象在高校已经多年没有改变。而且无论分数的高低，学生并不知道自己对在哪错在哪，并没有实现考核后的信息反馈。

法学与其他专业不同，法律人才的专业能力是综合性的，单科结业的考核方式根本无法考核学生的综合法律运用能力。因此，一方面可以增加每科专业课结课中综合性知识的比重；另一方面可以通过设立综合性检验学习效果的考核方式。

二、法学教学需要什么样的教学效果

从有效的教学效果角度来看，一味地强调教学评估的重要性并不是明智之举。一方面，因为教无定法，单一地以特定标准来评价不同的学科、不同的教学风格，是不公平的；另一方面，也容易造成教师教学中目的性偏差。教师在教学中去讨好学生，或有意地去迎合专家的口味，这也失去了教师个人的教学特色和风格。

作为教师，一旦取得教师资格，其教学水平就有了一个明确的达标认定。那么，应该对教师的教学方法和教学特色赋予更多的自主性权利。如果把学生比喻为教师和学校的产品的话，我们就应该考察产品的质量，以产品的质量来考察教师的教学能力和教学效果，这才是教学效果评估的主要目的。随着市场的变化，企业为适应市场的需要，势必去改变产品的生产，作为学校也同样具有这样的特征。在10年前，高校的法学教育工作者还在为教学内容应以理论教学为主还是以应对司法考试为主争论不休。10年后，法学就业市场已经将司法资格考试作为衡量学生能力的重要条件之一。作为高校法学教育不可能把自己改变为司法考试培训班。但是面临着市场的需求，不去正确面对这一问题，势必会影响到学校学生的就业。随着毕业生的不断增加，高考生源的减少，高校不愁无人报考的局面将发生质的转变，部分高校的法学专业也将面临着无人可招的局面。市场决定着高校的办学命运，市场决定着学生选择专业的导向。作为高校教学的管理者，应从教学效果的实际效能出发，去引导教师的教学方向，而不是简单地以教学评估作为内部考评的标准。

（一） 正确使用教学手段，明确教学目的

目前，法学教育中教师的讲授教学仍然是主要的教学方式，虽然法律诊所和模拟法庭等实践教学方式被应用，但是这些教学手段的形式意义大于实际意义。法律诊所案源缺乏，模拟法庭流于形式，学生自己就失去了学习的兴趣。因此，法学的教学方式仍然以教师的个人讲授为主。

教师在教学环节的主导地位是法学课堂教学的主要特点。因此，提高教学过程中学生的参与程度是改善教学环节的重要因素。课堂上师生在教学环节的互动应被重视。学生在课堂上的主动参与程度，体现出学生对所学知识的认知程度和教师教学内容的被接受程度。教师在课堂上自顾自地讲授和多媒体教学中互动内容的缺乏，导致学生忙于对教学内容的记录，而没有时间来思考教学内容本身。多媒体教学中，每幅页面所记载的文字数量应该有标准性认定。多媒体的教学目的仍应以启发和互动性为主。课堂应该是教师与学生直接交流的主要方式。

从教学规律来看，学生的课前预习、师生课上的交流互动、教师解惑以及课后的归纳总结，应该是一体的。现在大部分学生的主动学习能力较差，一味等待课堂上教师的讲授，然后是课后为应对考试的机械性记忆。这种现象的出现，应由学生还是教师来承担责任呢？首先，从方式和内容上看，考试方式已经成为短期记忆的考核，考试内容并不能检验出学生掌握知识的实际程度。其次，从课堂教学来看，教师的教学方式传统，主要是进行简单的知识呈现，学生机械地记录教师的讲授内容，因为学生要从教师的讲授内容中分析出考试的重点。甚至有的教师讲授的内容与所发教材不同，学生更加重视课堂上老师讲授内容的笔记。有的学生就问老师，你这种讲课方式还要给我们发一本根本不用的教材干什么呢？最后，从

课前环节来看，由于没有课上沟通的压力，学生也就没有课前预习的需要。总之，教学目前存在的问题在于教学方式和教学内容上的转变，在目前只能以教师来主导教学环节的前提下，只有改变教学方式，重视教学内容的启发性，才能真正改变学生对知识的认知角度，有意识地提高自主学习能力。这需要老师对学生的整体能力的把握和对所传授知识的纯熟应用，需要教师投入更多的精力。只有真正建立起正确的教与学的互动关系，才能让教师明白应该教什么、学生明白应该学什么。

（二） 单科结业与综合能力考评相结合

单科结业考试仍然是高等学校教学检验学生知识掌握程度的唯一方式，虽然部分高校也在改变这种单科结业考试的简单模式，增加考试成绩中平时学习成绩的成分，但都没有改变单科结业考试中一考定终身的基本模式。单科结业的考核模式并非简单到不能说明问题，关键在于单科结业考试存在弊端。首先，结业考试单一地考核学生本学科的成绩，无法综合性考核学生对知识的把握程度，四年或者更长时间的法学学习被人为地割裂成不同的部分。法学教育与其他专业不同，法学教育不同学科之间存在的差异比较大，教学中学科之间相互支撑的紧密程度存在不足。如果单一立足于自己学科的讲授和考核，并不利于学生全面地掌握和运用知识。但是现实中，法律知识的运用却是需要对知识的综合性掌握和运用的，割裂刑事、民事和行政等知识的关联性教学并非明智之举。其次，单科结业考试缺少事后的问题反馈。考试后，对学生考核反映出的问题没有反馈的渠道。学生考完试后知道了成绩也就万事大吉了，无论分高还是分低，都没有必要知道这些分数对自己的实际意义，只求一个及格。

分数是教师控制教学的“法宝”，是学生的“命根”，这个延续几十年的考试传统已经不再适应现在的教学目的。除单科结业考试外，增加综合能力的考评方式，是让学生了解自己对知识掌握程度和运用能力的有效手段。减少结业考试的分数比值，增加平时课堂的检验环节。课堂考核，课上检验和反馈，及时指出学生在学习中存在的问题，对每个学生都有具体化的指导，这些是能够满足学生的学习的必要的方法。这里需要澄清的一个问题就是，单科结业考核重要的是学生的分数还是对知识掌握的程度。

除单科结业成绩考核外，增加一定时期内综合能力的考核，是有效引导学生学习方向的重要手段。单科结业并非表示这一科目的知识没有用了，只是对该学科学习的阶段性检验。这样既可以引起学生对知识的重视，也会改变单纯以记忆为考试内容为主要讲授教学方式的教师的教学观。

（三） 改革以单纯记忆为考试内容的考核方式

目前，法学本科教学中，甚至研究生考试中，都还简单地以对教学内容的记忆为考试的主要方向。这种考试中，名词解释、简答、论述等考试方式，考核的都是机械性的记忆。多年的考试内容没有变化，一方面是因为这种出题方式不需要教师在出题上下功夫，而且也可以让学生更重视自己在课堂上讲授的内容。但另一方面也就造成了学生高分低能的现实。现在考卷中也增加了案例分析和法条分析的考核题型，但都没有脱离以记忆为主要考试内容的特征。

从案例分析的题型来看，主要是教师设计好的材料条件，得出的考试结论也是唯一的，以此来迎合教师所预先设定的标准答案。这不仅让人发出疑问，现实中的刑事或民事案件是否可以按课堂上老师讲授的内容来发展呢？如果现实发生变化，我们的学生还能够分析解决吗？

单纯以记忆为考核内容的考核方式，主要问题在于，教师考试追求的是统一的标准答案。甚至有的专家在评估教师的教学效果时，将学生考卷的答案统一性作为教师考试评卷准确性的评判标准。我们为什么不给学生更多的宽容，让学生去自主地发挥，批判性地思考问题；教师以学生对考试问题思考的深度和广度，来考核学生在平时课堂上和课堂外的努力程度，只要学生真正去思考了，就应该给予积极的评价和鼓励。

教师在出题设定考核的问题上，增加学生思考的空间，设定不同的情形条件考核学生对问题理解的深度和广度，可以改变学生以单纯记忆为目的的学习方式。同时也需要对学生以更多的宽容对待，尊重不同的思维角度。考核学生对问题的思维维度，才是对学生能力的真实的检验。

（四） 理论知识与实践的融合度

从现在部分高校老师的教学内容上来看，重视理论多于实践内容。这一方面是因为目前高校重视学术研究，另一方面也因为高校存在教师实践能力不强的问题。虽然现在的教学管理政策，出现了重视学术也重视应用能力的政策导向。学术研究脱离实践是无源之水。当然，理论研究和讲授是不可偏废的，因为实践必须在理论的指导之下进行。这是大多数人都能够意识到的问题，但是否能够做到则是另一个问题。

在政策导向上，重视理论知识和实践知识的融合程度，可以作为评价教师教学效果的重要指标。简单地以理论教学为主和片面地宣扬实践经验都是不可取的。理论和实践是有机的融合，是在理论中体现实践的运用能力。目前，高校的法学教学中，开始重视实践教学，增加教学总体课程中实践教学内容的比例，反映出高校对学生实践能力的重视。但是存在的问题是仍然没有将单科学科教学与实践教学作整体性的设计。

我们已经进入到 21 世纪的第 10 个年头，但我们的法学教学水平却还停留在美国 20 世纪 60 年代的水平。我们的生活已经进入到网络时代，但我们的教学过程还和 20 世纪 80 年代没有太大的差别。我们需要什么样的教学效果，作为高校的老师，每个人都本着自己对这个职业的责任心在不断地改变和创新。

课堂与教学

CURRICULUM AND TEACHING

法学实践教学机制与社会资源评析

——以法律诊所实践教学基地建设与管理为视角

◎ 刘 瑛 *

实践教学是高等法学教育的重要教学环节，是指导学生理论联系实际、培养学生综合素质与创新精神的重要途径。教育部在《关于进一步加强高等学校本科教学工作的若干意见》中指出，实践教学对于提高学生的综合素质，培养学生的创新精神和实践能力具有特殊作用。在实践教学的模式下，学生不是被动地接受理论知识，而是通过自己亲身参与、身临其境的感受来获得和理解知识。实践教学基地建设是诊所法律教育的重要组成部分，是培养应用型卓越法律人才、完善我国的法学教育、有效地开展各项诊所实践教学活动的重要保障。

教育部《关于全面提高高等教育质量的若干意见》（教高［2012］4 号）指出要“强化实践育人环节”，教育部和中央政法委员会目前也正在全国范围内推进实施重

---

* 刘瑛，女，中国政法大学民商经济法学院副教授，硕士研究生导师。

点为培养应用型、复合型法律职业人才的卓越法律人才教育培养计划，最高人民法院也已发布《关于建立人民法院与法学院校的双向交流机制的指导意见》，积极探索卓越法律人才培养机制。

一、法学实践教学机制与社会资源的界定

实践教学机制包括管理机制、投入机制、激励机制和监控机制等。建立并优化实践教学机制，是保障法学实践教学质量的关键。

实践社会资源，是指学校开展实习、实训，学生进行职业素质培养和专业技能训练所需的、可利用的、非学校所有的社会资源。实践社会资源大致可以分为三类：公共资源，政府掌握的资源，法院、仲裁机构、律师所、行业协会、公益组织、相关企业等所有资源。

二、法学实践教学机制与社会资源的现状

目前，法学实践教学机制与社会资源的现状，与法科学生对实践教育资源和对环境的需求与期望是有差距的。问题主要表现在：

（一） 实践教学基地的建设缺乏内在的动力

培养有较高理论素养的应用型、复合型法律职业人才，专业实践是必不可少的培养环节，而专业实践必须依托法律实务部门才能进行。实际上，全国所有法学院校都安排有专业的实践环节。但综观这些做法，存在一个普遍的问题是法律实务部门参与积极性不高，因此实践环节所发挥的作用不太理想。认真思考这背后的原因，不外乎法律实务部门与学校没有达成共同建立实践基地的共识，没有找到各自需求的对接点，没有挖掘各自可为对方所利用的优势。其中无法回避的关键问题是，实践教学基地的建设缺乏内在的动力，即没有建立互惠式管理机制。

（二） 实践教学缺乏科学的质量监控机制

对于法学应用型人才培养来说，主要以获得法律职业能力为目标，这就要求在法学教育教学体系中必须充分重视实践教学环节。事实上，随着近年来我国法学教育界对实践教学的逐步探索和改

革，各方对于实践教学独特的教育价值和重要地位已基本取得了共识。但在对实践教学质量评价的问题上，我国传统的法学教育界长期以来一直存在“重理论教学质量而轻实践教学质量”的现象。其中一个比较突出的表现，就是对实践教学环节质量的考核、评价还停留在原来的评价手段和方法上，往往通过作业、实践报告、学生座谈会、实践指导教师的评分等来评定学生的成绩，对于学生通过实践教学环节是否真正训练或提高了专业技能、实践教学的整体质量和效果究竟如何，缺乏准确的把握。合理、科学的实践教学质量评价体系，已成为实践教学体系构建与完善的重要环节，有助于促进法学教育形成良好的质量监控机制，有利于促进法学专业的建设与发展，有利于提高法学教育人才培养的质量。

（三） 诊所法律教师的发展环境缺乏可持续性

诊所法律教育现在的发展趋势很好，学生争先恐后参加法律诊所实践，他们是最大的受益者；但对于教师则缺乏吸引力，他们很少愿意主动“请战”。很重要的一个因素就是发展环境的制约，使得我们的教师发展环境缺乏可持续性。

在此可以归纳一下学院对法律诊所老师的要求：你所任教的专业课程好比是一台大戏，以往总是要求你成为一个唱念做打样样行的“全能演员”，而现在法律诊所课程却要求你在当好“本色演员”的同时能够充当这台戏的“导演”，就是需要你能够承担起“导演”兼“演员”的双重任务。怎么做“导演”呢？就是说，你作为法律诊所老师，先要负责承担起整个课程的设计工作，比如对课程进行模块化设计。这就好比一个“导演”在演出开始前，必须做好的案头工作，包括场景设置、角色分工、时间安排，以及各种资源的整合方案等基础工作，即这个“导演”把“文学剧本”转化为“演出台本”的过程。但在这个过程中，学院却仅仅提供了“舞台”即讲台，相应的教学环境、制度环境均不配套甚至缺失，教师发展环境缺乏可持续性。因此，科学发展重在可持续，优化环境才有吸引力。

三、知识产权法律诊所实践教学机制的探索模式

知识产权法律诊所（以下简称“知产诊所”）充分利用社会资源，努力创造自身的优势“品牌”，逐步形成了具有特色的人才培养模式和“课堂教学、模拟实训、基地实践、观摩训练”四位一体的贯穿始终的诊所实践教学体系。

（一） 巩固与完善律师事务所实践基地

知产诊所自 2005 年 9 月创设以来，一直与律师事务所合作建立教学实践基地，形成了一套比较完善的实践基地建设与管理制度（包括“中国政法大学知识产权法诊所教学实践基地”签约揭牌仪式等）。法律诊所的最大特点在于它的实践性，与律师事务所合作设立实践基地一直是知产诊所的特点之一，使同学们能直接体验法律实务的操作；知产诊所还注重打造自身的品牌，通过“知行合一学为本，道器两翼用为先”的所训、博客（http：//blog. sina. com/iplawclinic）、电子杂志、实习证书等形式扩大影响、彰显品牌。

（二） 尝试与法院建立互惠式实践机制

知产诊所从 2013 年 3 月开始与西城区人民法院合作。教师和学生分别为当事人提供志愿服务。教师在专家窗口进行疑难问题咨询，学生在大学生志愿者服务台进行接待、代书等。该机制把解决纠纷的关口前移，使人民群众解决纠纷多了一种选择。知产诊所配合法院提供便民诉讼措施，赢得了广大人民群众的拥护和支持，取得了良好的社会效果。我们的学生现在已进入知识产权庭实践，整理案卷、研习案例、协助法官准备开庭、庭审旁听等工作，极大地激发了学生理论联系实际的兴趣，真正体验了法院工作的权威来自于专业。但与法院的合作刚刚开始，尚需建立全方位的互惠式实践机制。

（三） 发展与相关机构的紧密合作关系

知产诊所先后与国家知识产权局、中国音乐著作权协会、中国摄影著作权协会、北京电视艺术家协会、中国科学技术法学会、中国技术交易所等建立了知识产权实务紧密合作关系，并开展专题讲

座、复审旁听、会员维权、网站维护、会议学习与服务、课题研究等合作。今后，我们将进一步与相关机构拓展合作领域。

（四） 加强知识产权保护志愿服务

为了推动校园保护知识产权志愿服务常态化开展、规范化运行和品牌化建设，知识产权法律诊所经过与北京市知识产权局及保护知识产权举报投诉服务中心（12330）一年多的筹备，与校团委青年志愿者协会共同建立了“首都保护知识产权志愿者中国政法大学服务站”，于2011年11月成为北京市第二批保护知识产权志愿者校园服务站。我校以知产诊所为基础，建立保护知识产权校园志愿者队伍，这不仅有利于发挥我校师生的法学专业优势，而且有助于扩大知产诊所的受众范围。校园服务站开展了一系列丰富多彩、形式多样的保护知识产权宣传活动，提高了教师、学生、知识产权管理人员的知识产权意识，在校园营造了浓厚的知识产权保护氛围，同时，也为知识产权人才培养提供了重要的平台和支撑。“首都保护知识产权志愿者活动成效明显”等20个事件曾当选为全国知识产权保护重大事件。

四、法学实践社会资源优化配置的路径选择

《高等教育法》第12条明确规定：“国家鼓励高等学校之间、高等学校与科学研究机构以及企业事业组织之间开展协作，实行优势互补，提高教育资源的使用效益。”如何优化配置法学实践社会资源，探索高校与社会共同培养法律人才的新机制，可以尝试选择以下路径：

（一） 构建律师参与实践教学的全方位体系

在师资组合方面，美国法学院教授专业技能课程的教师很多都有执业经验，曾经担任过辩护律师或者公职律师，因此在教授的过程中能够跟学生分享其工作中的经验。此外，美国法学院还有一种兼职教师，他们是在律所和法院全职工作的法官和律师，利用业余时间在法学院讲授实务性课程。

律师参与法律实践教学的目标应是提升学生的实践能力，培养

符合社会需求的法律职业人才，并最终实现法学院与法律实务部门的共赢。其具体的建构措施主要有以下三个方面：

第一，建立长期有效的实践教学基地，完善实践教学基地的必要设施与相关制度。法学院与律师事务所按照“互惠互利、双向受益”的原则，通过签订有关实践基地合作协议，建立长期有效的学术交流、实践教学运转、学生管理、安全保障等制度。

第二，探索“双导师”制度。让拥有深厚法律理论功底与实务经验的优秀法官、检察官、律师、法律顾问等专家常态性地进入法学院法学教学课堂，为学生创造、提供更为广阔的学习视野与实践机会。双方以优势互补的形式，能够共同打造一支兼具深厚专业理论知识与较强实务能力的“双师型”专业、兼职教师队伍。此外，法学院也应优化师资队伍，建立一支富有法律实务工作经验的实践教师队伍，提高法学院教师自身的法律实践能力，加大在法律实务教学与实践基地的经费投入，以构建良好的复合型、应用型的卓越法律人才培养机制。

第三，完善法学院内部的硬件设施。在加强与律师事务所合作的同时，应改善法学院相关实践课程所需的硬件设施，注意正确处理理论教学与实践性教学的关系。为配合实践课程的开展及法学院与律师事务所等实务机构的学术交流，需要进一步完善校内模拟法庭、法律诊所、法律援助中心的硬件建设，配备实践教学设备、资料、模拟实践教学软件等，以便为律师走进法学院进行实践教学提供便利条件。

（二） 与法院建立互惠实习机制：人才共育、资源共享

第一，人才共育，即法学院与法院共同培养应用型、复合型法律职业人才。一是双方分别制订管理制度；二是双方均安排老师；三是双方均规定实习任务；四是双方均提供相应保障；五是双方共同进行考核；六是双方共同进行总结。

第二，资源共用。一方面，法学院为法院提供理论资源。法学院作为教学科研单位具有理论优势，可以为法院提供理论资源。其一，法学院为法院干警的深造培训提供各种方便；其二，法学院与

法院合作开展学术研究，服务于审判工作：①双方共同参加课题研究；②双方共同承办学术会议；③双方共同举办学术沙龙。另一方面，法院为法学院提供实践资源。法院作为法律实务部门，可以为法学院提供实践资源：首先，法院与法学院共建实习基地，为每位实习生解决实习身份；其次，法院为法学院教师实务学习提供方便；再次，法院为法学院教师调研提供帮助；最后，法院为法学院提供案例资源。

市场经济条件下，法院、学校、学生构成的三对互为资源要素的供求关系，在本质上是一种利益关系。法院需要学校提供人力资源支持；学生需要成才和就业；学校需要提升教育和科研水平。要使法院、学校双方的资源供给真正长期化，必须建立以互惠互利、优势互补为核心的运作机制。

（三） 构建实践教学质量评价体系

在改进实践教学体系的过程中，建立并完善科学的质量评价体系，已成为保证实践教学规范化和提高实践教学质量的重要手段。法学专业实践教学质量评价体系的建立与应用，着眼点并不仅仅在于对社会调查、专业实践等活动进行效果评估，而是旨在建立整个实践教学模式的评估标准体系和评估机制，这就要求评价主体多元化，评估指标、评价手段和评估目标多样化。该体系应当包括：规范可行的实践教学大纲、实践教学计划、实践教学指导手册、对实践教学情况的综合考察指标、对实践管理的量化考核指标和学生对实践教学收获的评价。

（四） 优化实践教学的内部发展环境

在环境建设方面，我们不仅要关注外部环境的改善，作为学校更需要重视优化自身的发展环境。既要注重对现有的内在存量资源的整合和有效利用，又要注意外生性变量和增量资源的开发和组合，以此壮大学校的办学实力和发展后劲。

教师是教育的第一生产力，是诊所法律教育发展的战略资源，因而诊所法律教育资源配置的核心是教师资源的配置。一是要加强师资培训，选择条件较好的院校，建设一批可以统筹、共享、使用的实验和实训师资培训平台，通过基地培训，提高师资的实践能力和技能水平，扩大“双师型”教师队伍的比重。二是要加强从事法律诊所教学的青年骨干教师和学科带头人的选拔、培养工作，通过访问学者、国外培训、研究生进修等途径，切实提高师资队伍的水平，造就一批名师和骨干教师。三是要建立教师实践制度，要求教师每两年应有两个月以上时间到实务部门进行实践，采用岗位培训、挂职实训、定期委派的方式，促使教师增加实践，提高实践技能和经验。四是要打通实践教学进入与职称评定的“绿色通道”，充分利用社会上的师资资源，聘任一批兼职教师，充实“双师型”教师队伍；改善学校的师资职称结构，使存量的教师资源流动起来，提高教师使用效率。总之，要采取切实措施，提高教师待遇，解除教师工作及生活的后顾之忧，增强吸纳、稳定、凝聚优秀人才的能力，使教师无形的内在精神资源得到充分激活和释放，提高师资资源使用的有形总量，真正建设一支师德高尚、教育观念新、改革意识强、具有较高教学水平和较强实践能力的实践教学教师队伍。

综上，高等法学教育必须利用社会资源，而且也只有将校内、外办学资源有机整合起来，才能实现人才培养的高质和高效。学校和社会资源紧密合作，共同制定法学实践教育的教学目标和培养方案，共同确定教学内容，共同组成教学团队，形成以分工协作、长效运行与评估保障为主要内容的常态化、规范化合作机制和法学实践教学的人才培养机制。

“民法学案例研习”的教学目的

◎ 田士永 *

一、概　说

尽管教育哲学可能有所不同,〔1〕但在任何课程都需要有明确的教学目的这一点上则没有什么争议。课程的教学目的也就是课程所欲实现的目标。没有哪门课程没有教学目的，关键在于教学目的是否明确、是否科学合理。课程教学目的决定着课程教学要素配置。教学内容的选择、教学方法的运用、教学组织结构、教学过程的设计和实施都是受教学目标指引的。合理设定教学目的，同样是“民法学案例研习”能够顺利实施的前提。本文结合笔者在中国政法大学从事“民法学案例研习”课程教学的实践，从影响教学目的设定的因素入手，介绍了笔者对“民法学案例研习”课程教学目的的一些思考。

---

* 田士永，男，中国政法大学民商经济法学院教授，教务处副处长。

〔1〕 目前公认的教育哲学一般总结为四种：永恒主义、本质主义、进步论和重构论。具体内容参见［美］艾伦·奥恩斯坦、弗朗西斯·P. 亨金斯：《课程：基础、原理和问题》，王爱松译，江苏教育出版社 2013 年版，第 33 – 52 页。

二、“民法学案例研习”教学目的设定

课程的教学目的取决于人才培养目标，这是因为课程是人才培养的基本载体，是实现人才培养目标的基本单位，是实现人才培养目标各项任务的具体化。各大学在“以培养人才为中心，开展教学、科学研究和社会服务”[1]中，由于学校定位、经济社会需求以及办学传统等多种因素影响，设定的人才培养目标不尽相同。不同院校之间相同专业的人才培养目标往往不尽相同，法学专业人才培养目标也是如此。中国政法大学在六十余年的办学实践中，提出了“培养高质量的应用型、复合型、技能型、创新型、国际化人才”[2]的总体培养目标，具体到法学专业，其培养目标是“培养具有厚基础、宽口径、高素质、强能力的复合型、应用型、创新型高级法律职业人才”。[3]之所以将人才培养目标落脚在“法律职业人才”，是因为法学教育是一种实践性教育，法学专业毕业生主要从事法律实务。[4]法学教育这种实践性既体现在人才培养目标上，也体现在人才培养的过程中。法学教育基本上以法律职业作为最终目标，[5]因此，实践教学在人才培养中应该受到高度重视。正是以“法律职业人才”的人才培养目标为指向，中国政法大学设计了本校的法学专业课程体系，而“民法学案例研习”就是这个体系中的一门课程，它在整个课程体系中的定位决定了其教学目的。

“民法学案例研习”的课程定位有两个层面。第一个层面是

---

〔1〕《高等教育法》第31条。

〔2〕参见前引《中国政法大学木科培养方案（2013）》，“前言”。

〔3〕参见前引《中国政法大学本科培养方案（2013）》，第1页。

〔4〕葛云松在新近的研究中明确提出了法学教育应当主要面向法律实务，培训学生的法官能力。参见葛云松：“法学教育的理想”，载《中外法学》2014年第2期，第285－318页（以下简称为葛云松文“法学教育的理想”），尤其参见“二、法学教育的目标：培养法官能力”。

〔5〕至少教育部卓越法律人才教育培养计划提出的三类卓越法律人才基本上都是法律职业人才。参见《教育部 中央政法委员会关于实施卓越法律人才教育培养计划的若干意见》（教高〔2011〕10号）。

案例课程在法学课程体系中的定位；第二个层面是"民法学案例研习"在案例课程中的定位。法学专业本科的课程，依照课程内容，一般分为通识课和专业课；依照是否必须修读，一般分为必修课和选修课。中国政法大学的法学专业课程分为专业必修课和专业选修课。其中，专业必修课程共有 18 门，其中民法方面的课程包括"民法学原理一：总论"、"民法学原理二：债法"和"民法学原理三：物权法"；专业选修课程分为四组，一是基本专业选修课组（共 115 门），其中民法方面的课程包括"民法学原理四：亲属法与继承法"、"罗马法"等；二是研讨课组（16 门），其中民法方面的课程是"民法学研讨课"；三是案例课组（19 门），其中民法方面的课程是"民法学案例研习"；四是实务技能课组（32 门），其中民法方面的课程是"民法实务"等。此外，法学专业还有"司法卷宗阅览"、"庭审观摩"、"模拟法庭"、"法律诊所"、"专业实习"等涉及民法的课程。

法学案例课程的设计也可以有不同思路。或者是单独开设一门总括性民法案例课程，或者是对应必修课程中民法各部分开设案例课程。中国政法大学本科生的"民法学案例研习"属于前者；而中国政法大学 2008 年起招收的法学人才培养模式改革实验班则采用了后一种方式，分别开设了"民法总则案例研习"、"债法案例研习"和"物权法案例研习"等案例研习课程。就教学内容而言，以上课程的主要区别是涵盖内容不同，"民法总则案例研习"、"债法案例研习"和"物权法案例研习"分别对应于相应的讲授型必修课程，以民法相应部分教学内容为主，而"民法学案例研习"则涵盖了民法全部。中国政法大学法学专业课程设置中，之所以针对本科生列为选修课程，主要是本科专业学分空间过小所致，而实验班之所以能够开设三门民法案例研习课程并且均作为必修课程，显然六年两阶段贯通式培养模式下学分空间增大是一个重要影响因素。当然，较为理想的课程设置模式，应当是在讲授型课程之后配套相应案例课程，作为基础案例研习课程，在各门课程学完之后设置较为综合性案例课程作为高级案例研习课。[1]

总体而言，中国政法大学法学专业已经形成了“理论教学—模拟教学—仿真教学—全真教学”相结合的递进式课程体系，而“民法学案例研习”就是这个体系中案例课这个环节中的一门课程。具体而言，“民法学案例研习”以“民法学原理”相关课程为前提，以学生基本掌握民法学相关理论为教学设计的出发点，是理论教学和模拟教学之间的过渡，是理论课程向实践性课程的一个过渡，而不是真正的实践性课程，理论性色彩更浓一些。在这门课程之后，结合“民法实务”、“模拟法庭”、专业实习乃至于大学毕业后就职前的培训，法律学生才有可能掌握并养成法律职业所需的知识、技能和素质。在“民法学原理”系列课程之后，“民法学案例研习”与“民法学研讨课”一起构成了民法学理论教学之后的两个纬度，案例研习所指向的是一种实践性学习，而研讨课更倾向于理论研讨。[2]这两门课在学生知识、技能和素质的养成过程中的侧重点有所不同。[3]

基于人才培养目标和课程定位，“民法学案例研习”的教学目的设定为：通过充分发挥学生的主体性进行案例分析，综合复

---

〔1〕 具体建议，还可参见葛云松：“法学教育的理想”，载《中外法学》2014年第2期，第314、316页以下。

〔2〕《中国政法大学案例课程和研讨课程建设与管理办法》（校教字〔2005〕第040号）第2条规定，“（第1款）本办法所称的案例课程，是指以围绕具体案例进行分析为主要教学形式的课程。本办法所称的研讨课程，是指以围绕固定主题由教师组织学生进行专门研讨为主要教学形式的课程。（第2款）案例课程和研讨课程以鼓励学生积极参与讨论、研究为主，旨在通过训练学生收集信息、整理信息、分析信息和表达等方面的能力，培养学生的创新精神和实践能力。案例课程侧重于培养学生运用专业知识解决实际问题的能力，研讨课程侧重于培养学生的学术思辨能力。”

〔3〕 郑永流提出，高等法学教育之于学生主要实现三大目标：形成基本知识（理论、规范）体系；训练运用基本知识处理实际问题的能力；培养创造性思维方式。大学教学形式要围绕这三个目标设置，各部门法课程应分成不同教学形式实施，主要就是讲授课、案例分析和学术讨论课。需要注意的是，郑永流提出的三大目标和三类教学形式之间，并不是一一对应关系，各种教学形式可能以某个目标为主，但同时也并不排除其他目标。此外，案例分析也并不排除研讨的教学方式。参见郑永流：《法学野渡：写给法学院新生》第2版，中国人民大学出版社2013年版，第119页以下，尤其参见第120-121页。

习民法相关课程所学知识，训练学生的法律思维，培养学生从事法律职业的基本素质，提高学生运用法学理论适用法律的能力，提高学生收集信息、分析信息和整理信息的能力，提高学生的书写能力和公开场合表达能力。本课程采用小班教学，教学形式以课下撰写案例研习报告和课堂讨论相结合为主，以教师、学生之间的双向或者多向互动、对话和研讨为基本学习方式。[1]

三、充分发挥学生主体性进行案例分析

"民法学案例研习"强调发挥学生的主体性进行案例分析，它包括两个方面：一是充分发挥学生主体性，二是进行案例分析。

发挥学生的主体性，是中国政法大学"教学主体观"[2]的体现和要求。在教学实践中，教师是教学的主体，学生是学习的主体。在教与学的关系中，应当以学习为中心，教为学服务，教师的教学应当围绕学生的学习开展。教得如何取决于学得如何。学习的主体是学生，学生的主体性得不到发挥，学生的学习效率和效果就会受到影响。为发挥学生主体性，"民法学案例研习"在教学环节上将学生参与作为重要因素，具体包括学生报告、讨论以及教师评论、课外作业等环节。学生通过课前准备、课堂讨论、课后复习等三个阶段，需要完成案例分析的准备、口头和书面报告、讨论评议、课外作业、自主测评等工作，这样学生就有机会参与到学习过程中的各个环节，真正成为了学习的主人，被动学习变为了主动学习，学生的学习动机得到激发，学习热情得到提高，学习投入度增加，而教师也由课堂的主宰者变为课程组织者、学生学习的参与者、引导者、帮助者和促进者。在角色转换过程中，实现了学生与学生合作、学生与教师的学习合作，顺利完成了案例分析的学习

〔1〕 参见中国政法大学教务处编印《中国政法大学课程指南（2007）》，第94页。

〔2〕 中国政法大学的"教学主体观"是：在办学上教师是本位，在教学关系上学生是主体。参见《中国政法大学本科教学水平工作评估自评报告》，2007年9月，第10页。

任务。

之所以强调案例分析，是因为以法官、检察官、律师、公证员等为代表的典型法律职业者[1]的基本工作就是处理案件，既然法学教育以培养法律职业人才为目标，自然应当为学生毕业后从事法律职业做好准备，使学生掌握案例分析基本内容也就成为了重要的教学目的。也正因为直接关系到法律职业，案例分析在法学人才培养中才具有特殊的重要意义，而且也是国际通行的传统法学教育方式。

案例研习的主要工作就是通过分析具体案例，练习解释和适用现有法律。案例分析集中于法律问题分析，注意分析与案件有关事实的法律意义，但不进行事实问题调查与证明。这是因为虽然这种能力非常重要，但它主要是在工作中才能学会的，[2]大学教学生查明事实的效率过于低下。[3]法律问题分析主要是现行法的适用，旨在培养学生运用所学理论适用现行法的能力。在适用现行法过程中，学生首先要查找需要适用的法律条文，通过解释和适用具体法律条文，发现制定法所包含的法律规范，发现制定法存在的法律漏洞及其填补方式。

案例研习有很多具体方法，“民法学案例研习”采用了请求权

---

〔1〕 这四种职业的列举，参见《国家司法考试实施办法》第1条。葛云松在论文中提出，法律职业者分为三类：第一类是法律实务工作者，包括法官、律师、检察官、公安警察、企业法务人员、公务员等；第二类是立法工作者；第三类是法学教师和研究人员。参见葛云松：“法学教育的理想”，载《中外法学》2014年第2期，第291页。如果只考虑就业人数，后两类实在是微不足道了。

〔2〕 参见葛云松：“法学教育的理想”，载《中外法学》2014年第2期，第305页。

〔3〕 法律职业者当然应当学会查明事实，但我国大学的学制设计以及培养方案制订中，大学有关部门的行政文件使得大学期间的法学专业学习时间非常有限。参见王景群：“论高校教学计划的管理权限分配”，载《中国大学教学》2005年第11期，第41-42页。这种情况下，法学基本内容才是法学教育的主要内容。即使大学期间需要学习如何查明事实，也可以在其他课程中进行训练。因此，本门课程并未将查明事实的训练作为教学内容。这种做法也在一定程度上受到了德国的法律教育教学实践的影响。在德国法学专业的大学学习（包括第一次国家考试）中，案例分析中的事实一般也是给定的，不要求学生查明案件事实。参见［德］迪特尔·梅迪库斯（Dieter Medicus）：《民法基础》（Grundwissen zum Bürgerlichen Recht），2004年版，第6页。

规范基础的分析方法，有别于传统的法律关系分析法和历史分析法。[1]请求权规范基础的分析方法，是指以请求权基础为出发点分析案例的方法。[2]请求权分析的基本范式是：谁可以向谁，根据何种法律理由，提出何种主张（qui, quid, a quo, qua causa）?[3]第一个"谁"在诉讼程序中是原告，在仲裁程序中是申请人；第二个"谁"在诉讼程序中是被告，在仲裁程序中是被申请人；"提出何种主张"涉及的是请求权，包括请求权的种类、内容、救济方法等；而"根据何种法律理由"则是其法律根据，即请求权的法律基础。这种案例分析方法，在德国的民法案例分析中，是基本的案例分析方法，也在其国家考试中被广泛采用。受德国民法的影响，我国台湾地区学者也大力提倡这种分析方法。[4]近年来，大陆地区越来越多的民法教师也开始尝试这种方法。

之所以采用请求权规范基础的案例分析方法，主要是因为它适合法律职业的需要。法律职业人应当避免发生法律争议，如果发生法律争议，应该明确需要解决的争议问题并且解决该法律争议问题。为避免法律争议，需要避免可能发生法律争议的事实出现，这一点在形成合同文本、遗嘱文本等方面较为重要，对于律师、企业法律顾问以及公证员等法律职业具有较为重要的意义。明确争议的法律问题，需要判断争议性质，在诉讼中需要判断诉讼类型。诉讼

---

〔1〕 参见王利明："民法案例分析的基本方法探讨"，载《政法论坛》2004年第22卷第2期，第118页以下；同时参见王泽鉴：《民法思维：请求权基础理论体系》，北京大学出版社2009年版（以下简称，王泽鉴著《民法思维》），第33页。

〔2〕 参见王泽鉴：《民法思维：请求权基础理论体系》，北京大学出版社2009年版，第35页。

〔3〕 郑永流：《法律方法阶梯》，北京大学出版社2008年版，第4页；同时参见王泽鉴：《民法思维：请求权基础理论体系》，北京大学出版社2009年版，第28页；让-马克·沙勒尔（Jean-Marc Schaller）："请求权方法"（Die Anspruchsmethode），载《当前法律实务》（AJP/PJA）2011年第1期，第3-17页，尤其参见第3页。

〔4〕 尤其是王泽鉴。他提出法学教育改革的关键点之一是积极推展"案例研习"的教学方法，而其所著《民法思维》更成为这方面的经典教科书。参见王泽鉴：《民法思维：请求权基础理论体系》，北京大学出版社2009年版，第3页。近年来，王泽鉴在大陆高校的讲座中，多次推荐德国的案例研习（Übung）和美国的案例分析（Case Study）的方法。

类型大多为给付之诉,[1]其核心内容多属于一方当事人有无某种给付义务。因此，往往需要考虑的问题是“甲对乙是否可以提出某种主张”。如果想提出某种主张，就应该进一步考虑甲对乙如果提出主张，可以提出何种主张？该种主张的构成要件是什么？本案是否符合该构成要件？[2]所发生的请求权是否存在障碍，例如抗辩权或者其他抗辩事由？对于法官而言，请求权基础的分析方法应当成为一种重要的案例分析方法。[3]尽管请求权基础的分析方法在我国尚未成为主流的案例分析方法，但却是应当推广的方法。

案例研习的核心是练习。德国案例练习课所用的德文“Übung”一词也包括练习的意思。[4]中文所谓“熟能生巧”，在德文则谓之“Übung macht den Meister”，这也印证了“学习技能首先要做的是练习，不断的练习，直到学生达到自动化程度”。[5]通过充分发挥学生主体性，反复进行案例分析，是“民法学案例研习”教学目的的基本点。在实现这一基本教学目的的同时，本门课程的其他教学目的也就有可能得以实现了。

四、综合复习民法相关课程知识

从事法律职业需要具备“法律专业知识”，这是理所当然之

---

〔1〕 当然也还有确认之诉、形成之诉等诉讼，但很多情况下，确认之诉、形成之诉需要给付之诉作为其保障。例如，根据《民法通则》第59条以及《合同法》第54条，得撤销的法律行为需要向法院行使撤销权。但在得撤销合同履行之后被撤销的情形，仅仅撤销合同尚不足以解决问题，债权人还需要根据《民法通则》第61条、《合同法》第58条主张债务人返还已经受领的给付才能解决问题，这时的诉讼显然是给付之诉而非形成之诉。

〔2〕 构成要件问题与证明责任相关，这是发现作为裁判基础的法律事实的关键。许可新近的研究开始注意这一问题。参见许可：《民事审判方法：要件事实引论》，法律出版社2009年版，第3－7页。

〔3〕 段厚省分析了我国目前的多元裁判方法，其内容似乎可以看作是强化以请求权基础为核心的分析方法。参见段厚省：《民法请求权论》，人民法院出版社2006年版，第365页以下。

〔4〕 关于德国大学法学院的教学形式，可以参考刘飞的相关介绍。参见刘飞：《德国公法权利救济制度》，北京大学出版社2009年版，第226页以下。

〔5〕 何美欢：《论当代中国的普通法教育》，中国政法大学出版社2005年版，第105页。

事，也是中国法律的明确要求。[1]至于法律专业知识的内容包括哪些，法律并未直接明确。由于初任法官、初任检察官，申请律师执业和担任公证员必须通过国家司法考试，取得法律职业资格，而国家司法考试是国家统一组织的从事特定法律职业的资格考试，[2]国家司法考试主要测试应试人员所应具备的法律专业知识和从事法律职业的能力，其内容包括：理论法学、应用法学、现行法律规定、法律实务和法律职业道德。[3]国家司法考试的命题范围以司法部制定并公布的《国家司法考试大纲》为准，[4]而民法一直是《国家司法考试大纲》的重要内容。实际上，司法考试只是以国家考试的形式确定了民法知识的重要性，而无论如何，民法知识都是法律教育不容忽视的内容。一方面是因为近代法学教育起源于罗马私法的研究与教育，[5]民法学理论在某种程度上也就成为了法学理论的重要基础；另一方面是因为民事法律事务在中国法律职业活动中所具有的重要地位。在法学教育中，民法既是法学本科教育的重要组成部分，[6]又是其他组成部分的基础。也正是因为民法这种基础性，各学校法学专业课程中，民法课程所占学分一般要高于其他部门法。[7]

---

〔1〕 参见《法官法》第9条第1款第6项、《检察官法》第10条第1款第6项。《律师法》第5条关于“通过国家统一司法考试”显然就是法律知识的基本要求，而该法第8条提到的“专业法律知识”、《仲裁法》第13条提到的“法律知识”似乎应当等同于前列《法官法》、《检察官法》中的“法律专业知识”。

〔2〕《国家司法考试实施办法》（司发［2008］11号，2008年8月8日最高人民法院、最高人民检察院、司法部印发）第2条。

〔3〕《国家司法考试实施办法》第8条。

〔4〕《国家司法考试实施办法》第9条第2款。

〔5〕 参见［英］梅特兰等：《欧洲法律史概览：事件，渊源，人物及运动》，屈文生等译，上海人民出版社2008年版，第101页以下，尤其参见第38节“博洛尼亚法学院”、第41节“各大法学家及他们的方法”。同时参见赫尔曼·朗格（Hermann Lange）：《中世纪罗马法》（Römisches Recht im Mittelalter），1997年版，第36－46页。

〔6〕 同样，在司法考试中民法的比重也非常大，以至于参加的司法考试的人中有“得民法者得司考”的说法。当然，民法分高未必通过司法考试，但反过来说“失民法者失司考”应该问题不大。

〔7〕 民法作为基础的部门法课程，其重要性仍未得到充分体现。参见葛云松：“法学教育的理想”，载《中外法学》2014年第1期，第299页以下。

虽然不同学校的民法学课程的具体设置可能会有所不同，但教学内容基本上是民法各组成部分：总则、债法（含合同法和侵权法）、物权法、亲属法与继承法。贯通民法各部分内容的课程相对较少甚至于没有，是一个普遍现象，学生是在学完民法各部分之后，基本没有总结各部分内容的复习性课程。由于民法是法律学习的基础，不学习民法很难学习其他课程，因此，各学校民法课程一般都开设较早，大多是从第一学期或者第二学期开始，此后每个学期开设不同课程。但是，第6学期之后，学生基本没有必须修读的民法学课程。除非参加司法考试或者研究生入学考试，学生基本没有机会通过课程系统复习民法学各门课程的相关内容。由于缺乏相关课程将民法知识融会贯通，一定程度上影响了学生完整地体系化把握民法。为解决这一问题，"民法学案例研习"将系统复习民法学相关内容作为教学目的之一，旨在打通民法各部分，让学生在复习关键知识点的同时充分体会民法的体系化和整体性，加深学生对于民法的理解。[1]

"民法学案例研习"定位于高级案例课程，需要综合运用民法学各部分的相关知识进行训练。[2]首先，由于本门课程主要运用请求权规范基础的方法分析案例，因此，本门课程对民法相关知识的综合复习，不是纯粹的复习课，而是通过案例分析的复习，将民法相关知识进行整合后，通过案例分析进行复习。其次，本门课程整合民法相关知识的方法，是以请求权体系为线索，依照请求权规范基础体系进行的整合，而不是按照民法学理论体系的简单整理。最后，在综合复习民法知识的同时，还要考虑到学生掌握民法案例分析的基本方法、掌握法律适用的基本技能等要求。以上考虑主要通过研习案例来实现，因此，如何具体设计研习案例，就成为能否实

〔1〕 万猛、李晓辉在新近的论文中强调，将案例教学作为帮助学生理解和应用成文法及其理论的手段。参见万猛、李晓辉："问解案例教学法"，载《中国大学教学》2014年第3期，第73-79页（以下简称，万猛、李晓辉文"问解案例教学法"），尤其参见第78页。

〔2〕 这也是它与基础案例课程的基本区别之一，因为基础案例课往往只涉及很少的知识点，至少不能或者很少涉及学生尚未学习过的知识点。

现以上目的的关键。本门课程在确定研习案例之前，先要列出民法上的主要请求权，根据教学进度列出各节次需要重点讨论的具体请求权，根据不同节次重点讨论的请求权寻找原始案例，然后结合其他教学要求，在诸多原始案例中进行选择，对经过初步选择后的案例进行加工整理，最后形成适合教学需要的具体案例。[1]

与此同时，为帮助学生综合复习民法知识，本门课程坚持课内学习与课外学习相结合，强调课外作业在学习中的重要性，认为课外学习是学生学习效果的重要保障。因此，笔者在教学过程中，要求学生完成的一项基本作业是独立整理民法上的请求权规范基础，其内容应当涵盖《民法通则》、《合同法》、《物权法》、《侵权责任法》、《婚姻法》、《收养法》、《继承法》等基本民事法律，列明可以作为请求权的规范基础，总结出各请求权的名称，列出请求权的构成要件和法律效果。这项作业的工作量非常大，学生课外学习的时间和精力投入也比较大，但对于学生复习、巩固和整合民法知识确实有较大帮助，学生大多作出了积极反馈。

“民法学案例研习”综合运用民法知识分析案例，某种程度上也正是培养学生职业能力的要求，因为解决现实案件往往需要综合运用民法知识而不仅仅是民法某个部门某个知识点。具备法律知识毕竟只是从事法律职业的基础，如果从事法律事业，恐怕还必须要具备基本的法律职业能力。

五、提升学生的法律职业能力

法学专业以法律职业人才为培养目标，法学专业毕业生将来主要从事法律职业，因此需要具备相应的法律职业能力，对此并无异议。问题在于，法律职业能力到底包括哪些内容?《法官法》等法律法规中没有具体规定，《国家司法考试实施办法》提到了“从事法律

---

〔1〕 万猛、李晓辉认为，也可以使用虚拟案例。参见万猛、李晓辉：“问解案例教学法”，载《中国大学教学》2014 年第 3 期，第 78 页。大陆法系案例教学并不在于通过案例发现法律规范，因此案例是否真实并不重要。因此，真实案例只是一种素材，形成适合教学需要的教学案例才是关键。

职业的能力"[1]，但并无具体规定，而学者学说则是见仁见智。[2]新近关于卓越法律人才教育培养计划的文件中曾经提到，要提高"学生的法律诠释能力、法律推理能力、法律论证能力以及探知法律事实的能力"[3]，尽管对于这些能力究竟是实务技能还是智能技能还存在争议，[4]但它一定程度上也能说明法律职业能力的某些特点。

法律职业主要解决法律问题。法律问题可以有多种解决途径，甚至通过法律以外的途径解决也是经常考虑的选择。但是，法律职业就其本质而言有两个重要特点：一是就工作内容而言，法律职业大多是处理个案而很少制定一般规则；二是就工作路径而言，法律职业大多要依照给定的法律解决问题。这两点也构成了法律职业与其他职业的基本区别。从法律职业能力的角度分析，找到法律、解释法律、适用法律从而解决具体问题，是法律职业所需要的基本职业能力。为培养学生这些职业能力，"民法学案例研习"在教学目的中强调了学生运用法学理论适用法律的能力。如何找到解决问题的相关法律规定，进而通过解释法律从而构成解决问题的法律前提，[5]再将案件事实与法律前提相互比照，最终形成法律适用的结论，是本门课程希望学生完成的学习任务之一。在这个过程中，必然涉及如何在具体案件中运用相关理论的问题。民法包含了大量概

---

〔1〕《国家司法考试实施办法》第2条。

〔2〕例如，陈京春提出了以下的内容：①法律资料的收集和处理能力；②法律思维的能力；③对司法活动过程准确判断和把握的能力；④举证质证的能力；⑤法律事务的语言表达能力；⑥法律文书的写作能力；⑦坚守法律职业伦理和规避职业风险的能力。参见陈京春："论高等政法院校的法律职业能力教育"，载《法学教育研究》2011年第1期，第129－145页，尤其参见第133－136页。葛云松则提出，法学教育的核心应当在于培养学生对于我国主要的实体法、程序法具备全面的知识以及进行法律解释与适用的能力，而培养法官能力主要就是培养其法教义学上的知识和能力。参见葛云松："法学教育的理想"，载《中外法学》2014年第1期，第293页。

〔3〕参见前引教高〔2011〕10号。

〔4〕参见葛云松："法学教育的理想"，载《中外法学》2014年第1期，第303页。

〔5〕检索法律往往为中国法学教育所忽视，而它在实践中是非常重要的基本技能。参见吴江水：《完美的合同：合同的基本原理及审查与修改》，北京大学出版社2010年版，第117－119页。

念，同一问题常有很多种学说理论。对于其中某些内容，学生在学习时可能会一知半解，而对于某些概念或者理论，学生可能根本就没有听说过；当然，甚至也会有内容是学生存在错误理解的内容。对于如何在法律适用过程中运用这些法律理论，其他课程基本没有足够的时间对学生加以训练。因此，“民法学案例研习”在学生案例练习过程中，注重训练学生将相关理论运用到法律分析和法律适用中，坚持做到理论联系实践。

“民法学案例研习”在教学目的上还强调提升学生收集信息、分析信息和整理信息的能力。收集信息，首先，就是找到法律规范，这是适用法律的前提，学生应当学会如何查找法律规范。因此，本门课程强调学生应当学会使用法律汇编和数据库、学会数据检索等等基本技能。其次，收集信息还包括查找相关解决方案。因此，本门课程要求学生在案例分析报告中列出使用的文献，包括教科书、学术论文，更要包括相关案例和调研报告等司法经验总结。学生对毕业后从事法律职业所遇到的问题，不可能都已有所了解，因此，如何运用既有研究找到解决方案，是从事法律职业的基本要求。学生在法律法规、文献检索和综述等工作中，经过反复练习逐渐掌握了如何收集信息、分析信息和整理信息，既为将来从事法律职业打下了基础，又使其持续发展成为了可能。

此外，“民法学案例研习”还着重于提高学生的书写能力和公开场合表达能力。为此，本门课程要求学生课下撰写完整的案例分析报告，课上进行口头报告，使学生书写和口头表达的练习机会都有所增加。同时，教师提供了示范性案例分析报告，对学生的案例分析报告进行评议，这些措施在一定程度上帮助学生发现了问题并使学生有机会改进提升。

应当注意的是，大学培养学生的法律职业能力远不是法律职业能力的全部，[1]而只能是其中的一部分，是法律职业能力的基础。

---

〔1〕 何美欢介绍了不同研究报告以及律师等对于法律技能的期望，颇值得重视。参见何美欢：《论当代中国的普通法教育》，中国政法大学出版社2005年版，第200页以下。

具备了这些基础的法律职业能力，才有可能满足法律职业的需要；但从事法律职业所需要的能力显然不仅仅是这些。至于其他法律职业能力，恐怕需要学生在从事法律职业之前以及在法律职业实践中进行专门训练了。

六、促进学生养成法律思维和职业伦理

学生在法学院学习法律，需要掌握法律知识和技能，但法律职业的看家本领则是建立在法律知识和技能基础上的法律思维。〔1〕因此，养成法律思维也应当是法学教育的重要目的。〔2〕虽然对于法律思维包括哪些内容可能存在不同见解。但至少，“民法学案例研习”中使用的请求权规范基础的案例分析方法，以诉讼思想为出发点，符合民事诉讼的基本构造，有助于沟通民事实体法和民事程序法。通过民法案例的研习，学生的法律思维，尤其是逻辑思维得到了训练，一定程度上实现了案件事实与法律适用的沟通。这种法律思维的形成，为学生将来从事法律职业奠定了坚实的基础。

法律职业伦理是从事法律职业的基本要求，法律职业伦理教育的必要性应该是毋庸置疑的。〔3〕但实践中，很多高校并未开设职业伦理课程。如何开展职业伦理教育成为一个非常值得研究的问题。学生和专家建议，用体验式职业伦理教育取代传统的讲座式教育，实现理论与具体案例的结合。〔4〕“民法学案例研习”以养成学生法律职业伦理为其教学目的之一，主要实现途径是，由学生在案例分析中体验不同法律职业角色，在角色冲突中训练了学生的职业意识、公平意识等法律职业伦理的内容。当然，学生法律思维和职业

〔1〕 朱伟一说：“律师的看家本领是法律思维”，其他法律职业应该也是如此。参见朱伟一：《法学院》，北京大学出版社2014年版，第4-5页。

〔2〕 参见徐凤珍：“论法律思维能力的培养”，载《山东社会科学》2012年第12期，第140-142页。

〔3〕 参见刘坤轮：“法律职业伦理教育必要性之理论考察”，载《中国法学教育研究》2013年第4辑，第19-34页。

〔4〕 参见袁刚、刘璇：“高校法律职业伦理课程的调研与分析”，载《中国法学教育研究》2012年第1期，第104-118页，尤其参见第110、116-117页。

伦理的养成有很多教育手段可供选择，“民法学案例研习”并不是主要渠道，但却不失为一条相对可行的路径。

七、结 语

“民法学案例研习”根据法学专业人才培养目标和法学专业课程体系设定了教学目的，涉及法律职业的知识、技能和素质等方面。但是，如此设定“民法学案例研习”的教学目的是否妥当，还有待教育理论的进一步说明和教学实践的进一步检验。而设定教学目的也只是为“民法学案例研习”树立了一个目标，要实现这个目标，恐怕还需要在教学内容、教学方法、教学材料、教学组织、教学过程以及考核等诸多方面进行改革与完善。

法学院课堂中的沉默不是金

——开导“沉默一族”学生主动谈论法律的若干策略

◎ 汪诸豪 *

一、问题的提出：有些学生在法学课堂上难于开口发言

自信地谈论法律是法律实务操作的一项重要技能，但对于部分学生而言，流利的表达并非与生俱来，国内法学院大多亦未开设致力于培养学生口头表达能力的专门课程。近期，一项针对200名中国政法大学法学硕士毕业生的调研表明，对于初入职场1~3年的法律工作者而言，口头表达和文书写作能力被视为职业发展中最重要的两项技能。然而，这些刚刚离校的被调研对象大多遗憾地表示，除了写毕业论文之外，在校期间并未曾受到过上述两项基本能力的专门训练；而学生们在意见栏中，也大多期望学校能开设相关课程。法学教育与法律实务需求之间的

* 汪诸豪，男，国家“2011计划”司法文明协同创新中心证据法学创新团队成员，中国政法大学证据科学研究院讲师，美国纽约州执业律师。

断层由此可见一斑。该项调研还表明，新进法律工作者的口头表达和文书写作能力主要是通过在实务操作中反复实践和观摩而获得提高的。然而，律所的合伙人们却期待来应聘的法学毕业生已经具备了良好扎实的口头表达和文书写作能力。

学会自如地谈论法律，亦是在法学院求学生涯中获得成功的利器。法学教师在课堂上广泛运用问答式教学的内在共识在于，谈论法律是学习和展现对法律概念理解的有效方式。课堂上积极发言、表达自信的学生容易引起教师的关注；而不健谈或缺乏自信的学生在课堂上的参与度相对较低，这意味着其与教师和同学之间的互动机会也就更少。有一些法学院允许或要求将课堂表现作为学生期末成绩的必要组成部分，而学生在法学院所获成绩对其后续职业发展而言至关重要，事关暑期在法院、律所的实习、助教等机会的获得。

在大多数法学院，教师青睐那些课堂上积极发言、表达流利学生的同时，对沉默学生一组的关注度却有所不足。许多法学院教师习以为常的一种教学现象是：课堂上有少数学生表现出色，另有一些学生跟不上教学进度，剩下大多数学生的表现则差强人意，俗称“混过”或“水过”。学生们的表现差别很大，学校则在所难免地培养出庸才。笔者认为，将教学注意力集中于那些善于法律分析并能侃侃而谈的学生，并非向教室中大多数学生传授知识的最有效方式。在笔者自己的课堂上，教学除了传授法律知识以外，专注于训练和培养教室里每名学生的口头和书面论述、分析各种法律问题之基本功。其中一个重要环节，是要开导每名学生在全班同学面前淡定地谈论法律。

学生们在课堂中沉默的原因多种多样。首先，许多人，无论男女，生来不习惯在公众面前说话。[1]其次，目前国内主流法学教材仍以单向的知识灌输为主，学生们一味地被动接收知识，且每章节末尾缺少或缺失可供学生将所学知识应用于具体事实情境的思考

〔1〕 王强：“口才是一种竞争力”，载《博览群书》2014年第4期；另见周欣：“你敢当众讲话吗?”，载《中国医药报》2004年6月28日，第5版。

题，即便提供练习题，大多也答案唯一，鲜有探讨的余地。[1] 因此，在一定程度上，国内法学课堂中缺乏可供师生展开讨论的素材。再次，即便许多法学专业学生直觉上明白开口谈论法律对于掌握知识的重要性，但却对教师的威严和法学话题的严肃性有所忌讳，在教室里每每感到莫名的紧张和压力，致使难于开口发言。[2] 最后，还有些学生压根就没有意识到，开口谈论法律对于学习、掌握专业知识的价值。一位致力于在法学课堂上调动学生积极性的教师表示，如今之所以如此重视鼓励所有学生积极开口发言，是为弥补当年自己在法学院求学时的遗憾："当年在法学院读书时，我在课堂上是属于那种总是很安静做着笔记的学生。当时我并不觉得这样听课有什么问题，也从不觉得自己比那些上课积极发言的同学学得差，我的成绩也一直名列前茅。但毕业的时候我突然意识到，这些年那些积极发言的同学获得了宝贵的口头表达能力锻炼，而我居然错过了。"[3] 为了促使法学专业新生尽快明了锻炼口头表述法律的重要性和紧迫性，某知名法学院院长曾在开学典礼致辞上直白地告诉在场所有学生："说和写是执业律师从客户那里获取报酬的唯一两种方式。"

无论学生是否意识到，谈论法律是思考法律概念或破解法律问题的一种重要方法，不可否认的是，笔者所授课程中，一些思想最为深刻的学生却并非课堂上的发言积极分子。期末阅卷时，教师们往往惊讶于那些平日看似沉默、自己并不熟知的学生却拿到班上最高分。一种可能的解释是，优秀写手的共同特征之一是有种"思辨自觉"

---

〔1〕 李道刚："中国法学教育之反思与改革构想"，载《当代法学》2009年第4期；另见曹义孙、刘坤轮："我国高等法学教育需要转换理念"，载《法学》2009年第1期。

〔2〕 Cathallen A. Roach, "A River Runs Through It: Tapping into the International Stream to Move Students from Isolation to Autonomy", *Arizona Law Review*, 36 (1994), 667, 670.（收集到的研究表明"大量证据证明苏格拉底式教学法及期末考试决定课程成绩导致了法学院一年级学生中许多人有着严重的心理压力"）

〔3〕 肖永平："'五I学习法'：学习法律的有效方法"，载《中国大学教学》2008年第2期；另见张利宾："关于中国法学教育的一些思考"，载《研究生法学》2009年第2期。

精神。[1]正是这种特质阻碍了其在想法完全成熟之前于他人面前开口表达——这也是笔者总结的有些学生不愿在课堂上发言的第五个原因。传统法学院课堂设置或是嘉奖了那些心直口快的学生，而思考更为深刻的学生，有时却因无法在课堂上立即回答老师的提问或主动发言而未得到应有的充分重视。

另外，由于文化、性别、年龄、地域、经济能力等差异，部分学生会对课堂上的活跃气氛感到不适，选择沉默。[2]美国波士顿学院曾对法学院生源背景与学习状况做过一项研究，结果表明，“那些在法学院中的边缘化学生群体，比如来自少数民族、经济落后或偏远地区、同性恋、外国留学生等，所感受到的弱势并非源于自身能力问题，而是由于其长期认为自己的身份、家庭背景或个人经历对于未来法律职业成长没有帮助而久而久之造成的内心自卑或不自信。”[3]

如果说，自信谈论法律的能力对于法学院学习及日后法律实务操作至关重要的话，法学院教师们就应该将更多的精力投入到培养学生的口头表达能力中。在本文的第二部分，笔者将提出几种旨在开导沉默学生主动参与课堂教学活动的策略。在此，笔者并非要尝试穷尽鼓励学生课堂参与的所有方法；而仅是分享过去在国外求学时的见闻和感悟，以及近年来笔者或其他同事在日常教学中实际运用过、收到过一定成效的教学方法。这些开导学生积极发言的教学方法，事实上并非仅限于在法学课堂使用；其亦适用于许多其他学科的教学。

二、鼓励更为平衡的法学课堂参与之策略分析

作为世界上法学教育最发达的国家之一，美国在培养法学院学

---

〔1〕 杨荣昌：“关于作家思维品质特性的思考”，载《云南社会科学》1986年第4期；另见 Jay Feinman, Mare Feldman, “Pedagogy and Politics”, *Georgetown Law Journal*, 73 (1985), 875, 881.

〔2〕 薛二勇：“论教育公平发展的三个基本问题”，载《教育研究》2010年第10期。

〔3〕 Leslie G. Espinoza, “Empowerment and Achievement in Minority Law Student Support Programs: Constructing Affirmative Action”, *University of Michigan Journal of Law Reform*, 22 (1989), 281.

生自信谈论法律方面，有着深刻的思考和逾百年的教学实践积累。以古希腊最伟大的哲学家苏格拉底命名的苏格拉底式教学法（Socratic method），以师生之间的问询和讨论形式出现，在问答间激发学生的批判性思考并带来启发，自 1870 年前后由哈佛大学法学院前院长克里斯托弗·朗得尔（Christopher Langdell）最早运用于教学，沿用数百年，至今仍为所有美国法学院课堂上最经典的教学方法。笔者曾有幸在常春藤盟校宾夕法尼亚大学法学院和美国中西部教育重镇印第安纳大学布鲁明顿分校法学院分别攻读了法律硕士（LL. M.）和职业法律博士（J. D.）学位，从师于多位世界一流法学教育家，反复体验了苏格拉底教学法在不同类型法学课堂上的精妙演绎，发觉其并非千篇一律的问答式案例教学法，而是因时因人因教学内容而每每迸发出新意。回国后，笔者任教于自己的本科母校——中国政法大学（以下简称“法大”），有幸能将这些年在美国法学院中对苏格拉底式教学法的观察和思考，时时运用于法大的日常教学工作，并结合中国学生自身的特点与学生的反馈意见，及时改良教学方法，以求探索最适合于激发中国法学学子自信谈论法律、积极参与课堂讨论的有效方法。

无论学生们在课堂上难于开口发言是出于什么缘由，不妨一试以下几类扩大课堂参与度的方法：来自老师的肯定；来自同班同学的肯定；帮助学生减低课堂发言时的焦虑，例如可以在课堂上创设各种低压的口头辩论机会并允许学生进行事先演练；创造机会对同一教学概念开展反复讨论；教师要了解课堂上学生的个体差异性；教师要帮助学生意识到自己是法学院里的重要一员等。

（一） 来自老师的肯定

鼓励学生参与课堂讨论有许多直接方法。教师在不打断课堂教学流畅性的情况下，可尽量引导学生主动发言，如在学期之初就尽早点名让学生回答问题；认真倾听学生的发言并尽可能及时指出其中的闪光点；给难于开口的学生一些时间进行准备或组织语言；在提问之前预先告知将被点名学生的名字；在授课过程中，将学生名字编入课堂讨论的假想案例中，令学生们感到自己就是课程中的一份子或让他们意识到自己在课堂上可能会被提问；重视学生在课堂上的提问，而不仅仅是他们的回答，等等。

对于那些在课堂上不知如何回答教师提问的学生，教师可以重新组织语言进行提问，又或可以鼓励学生思考后再回答，总之不要草草结束与学生之间的对话。美国圣路易斯华盛顿大学法学院前院长司肯特（Kent Syverud）教授曾撰文指出，认真对待学生，有时意味着要允许学生在课堂上回答问题前有长时间的停顿进行思考——“在感受到学生有分量的回答之前，我不会轻易在课堂上停止与其之间的对话。这意味着课堂上有时可能会出现一些颇为尴尬的停顿。然而，这种等待重新恢复交谈之前的不舒适停顿，要远胜过导致一名学生在课程剩余时间里保持缄默，不再主动发言。我在课上曾收获的许多最精彩的学生见解——那些一经说出就令课堂上其他学生感到醍醐灌顶的想法——均出自这种长时间的停顿之后。”[1]

笔者有幸体验了美国宾夕法尼亚大学法学院威廉·泰森（William C. Tyson）教授的课堂。泰森教授在鼓励学生发言、促使每位学生融入课堂教学方面，是公认的大师，曾被连续多年评为宾大法学院最受学生喜爱的教师。为了帮助学生建立起自信并减少尴尬出现的几率，泰森教授认真倾听所有学生的发言，并对那些没能答到点上的回答进行引导——或是对同一名学生进行引导，鼓励其思考后重新回答，或是就学生所述中可圈可点之处进行肯定，或是对学生答复所适用的情景进行评论，有时甚至向学生直接暗示正确的回答。他有时会让学生在课堂上大声朗读法律文本段落，令学生将注意力集中在对关键文字段落的解析上，让学生们听到自己在课上发言的声音，并确保每节课上都有来自于教室中每个角落的发言。

（二） 来自学习小组的安全感

美国法学院的教授们常常将苏格拉底教学法与团队协同学习法相结合，将课堂上的学生分成若干小组，令他们有一种来自集体的

---

〔1〕 Kent D. Syverud, “Taking Students Seriously: A Guide for New Law Teachers”, *Journal of Legal Education*, 43 (1993), 247, 252.

安全感。举例来说，印第安纳大学法学院安东尼·佩奇（Antony Page）教授在合同法课上采用传统苏格拉底教学法，每次会向联合代表一方当事人的三人学生小组提问，而请课堂内其他学生共同代表另一方当事人进行回应。与之类似的是，印第安纳大学法学院丹尼斯·朗（Dennis Long）教授在破产法课堂上会鼓励被同时点名的多位学生在回答问题时彼此关照——正如真实法律实务操作中可能会发生的那样——当一名学生竭尽其所能回答了问题后，或教师还在追问其他观点角度时，小组内其他学生可能会被要求以同事或共同代理人身份提供支持。

印第安纳大学法学院为一年级新生开设的“法律检索与写作”课程则更为坚决地贯彻了学生协同互助的理念。将课堂上的学生划分为若干“律师事务所”（以下简称“律所”）——在整个学期中，每4名学生固定组成一个团队，协同工作。学生们在课堂上做口头报告前，会有几分钟时间与其“律所”团队成员进行交流，互换想法，随后再面向全班进行发言。这种方法固化了学习小组的概念，鼓励全体学生去完成对于某些学生来说是自然而然的行为：在将想法大声与全班分享之前先与邻桌同学进行交流。“律所”团队会被要求在学期中各阶段定期召集成员会面，在课堂内外共同完成作业、提前演练课堂陈述，并时常互相鼓励。教师会在秋季第一学期为刚入学的新生直接安排学习小组，但在春季第二学期将转由学生们自主选择适合自己的学习小组。这么做或能尽量避免学习小组内部的交流不畅。事实证明，协同互助学习小组在法学院高年级的课堂中同样运行良好，值得推广。[1]

（三）开学之初的良好发言体验

在法学院中，学生口头表达能力的成长，往往受益于入校之初的良好体验。正如贡萨格大学法学院杰拉德·赫斯（Gerald Hess）教授所言，“在法学院中遭遇并克服令人生畏挑战的成功经历会令

---

〔1〕 Gerald F. Hess, “Heads and Hearts: The Teaching and Learning Environment in Law School”, *Journal of Legal Education*, 52 (2002), 75, pp. 94 –96.（总结了各方权威研究成果并提供了很多实例）

学生在下一次面对困难时变得更有勇气。”[1]一位法大优秀毕业生也曾写信告诉过笔者：“在法学院求学生涯之初的愉快课堂发言经历，对当时缺乏自信并有发言焦虑症的自己至关重要，因为自信并非与生俱来——而是源于鼓励、肯定、认可和挑战。”

在秋季学期开学的第一周，为帮助新入学的一年级学生树立起学好法学的信心，印第安纳大学法学院前院长汉娜·巴克斯邦（Hannah Buxbaum）教授常常有意安排新生超额准备相对简单的案例法课堂讨论。巴克斯邦教授会发给他们一份准备材料，内有简短的事实场景信息、一名客户的资料和三个相关案例。在课堂上讨论这三个案例之前的几日，巴克斯邦教授会再给学生发放一系列基本问题，以引导他们学会根据特定客户的需要来阅读案例，随后，还会要求全体学生在课外与他们的“律所”小组成员以及分配给他们的助教（法学院的优秀高年级学生）见面，探讨这些问题以及可能的答案。在下节课开始之前的最后时刻，巴克斯邦教授会告知其中两组“律所”，将由他们在课堂上回答这些问题。

只有在学生们已阅读并思考过这些问题，并在高年级学生的指导下与其“律所”小组成员对问题再次讨论之后，学生才会在课堂上被点名要求回答。而此时，学生早已经历了反复的相关准备，胸有成竹。因此，在法学院序幕刚刚拉开的第二周结束时，巴克斯邦教授课堂上，几乎半数的新生已经有了至少一次在全班面前谈论法律的良好体验。

（四） 事先告知没有退路

相比于课堂上保持沉默的学生心存侥幸“祈祷”不被教师点名回答问题，教师在开学之初就约定所有学生都要在课堂上轮流发言并事先做好通知安排，学生们的焦虑感会大大降低。举例来说，一项针对美国圣母大学法学院 224 名学生的调研显示，其中大约 50 名学生表示，相比于教师在课堂上冷不防地找学生回答问题，事先知会学生将在具体某节课上被点名发言的做法，更有利于学生上课

---

[1] 见 Gerald F. Hess，“Heads and Hearts：The Teaching and Learning Environment in Law School”，*Journal of Legal Education*，52（2002），80.

专心听讲，解除不必要的焦虑。[1]这种事先告知学生没有在课上保持沉默退路的做法，可以确保课堂上绝大多数学生会在某个时刻发言，在美国法学院中深受众多教师的青睐。

笔者在印第安纳大学法学院选修了辛西娅·亚当斯（Cynthia Adams）教授的“法律分析与交流”课程，有幸亲身体验了这种改良后的苏格拉底式教学法。在对重点案例展开课堂讨论的前1－2日，亚当斯教授会分发给全体学生一系列问题，以指导其进行课前阅读，并会指定特定的“律所”小组在课堂上陈述该案例。这些“律所”小组成员可以选择在上课之前碰面，商讨该如何回答问题，但无硬性规定必须要这么做。在课堂上，亚当斯教授给予这些“律所”小组在向全班作陈述之前几分钟的最后准备时间。事先告知学生们课上会提问的关键问题之做法，大大降低了他们在全班同学面前“出糗”的风险，亦能提升学生回答的质量，增加了课堂成功表现的几率——亚当斯教授认为，这些因素均有助于学生树立信心，对后续的法学院学习生涯产生长期持续性的积极影响。

（五） 演练的机会

除了在课堂上给予一年级新生面向全班发言之前几分钟的准备时间，众多美国法学院的教师还会在学生课堂发言前，为其安排其他的演练机会。举例来说，各种角色扮演，诸如在诉讼的关键阶段给客户开分析会，或是在法官面前进行调解，抑或是书记员向法官汇报一项待定的动议。演练的机会可以安排在课外进行。

此外，演练也可以在课堂上进行。一种方法就是先让学生在没有观众的情况下，进行法律实践模拟中的角色扮演，随后立即让学生互换角色，再次进行法律实践模拟，这次是在全班同学面前。印第安纳大学法学院亚当斯教授的“法律分析与交流”课在开学阶段，指导学生围绕着为一位客户评估潜在侵权之诉，进行了为期数

---

〔1〕 William Henderson, “Modified Socratic Method to Make Sure Most Students Speak in Class at Some Point”, unpublished data on file with author, (2010).（威廉·亨德森教授还对芝加哥大学、印第安纳大学和科罗拉多大学法学院的学生进行过类似调研，结果均近似。学生们普遍更接受被提前告知会在课上被点名发言的做法）

周的法律检索和备忘录写作后，在课堂上让全班学生就主办律师可能会在分析会上向初级律师所提的问题进行集体讨论，亚当斯教授随后让课上每名学生转向邻座的同学，进行十分钟的主办律师分析会角色扮演。笔者当时的邻座同学恰巧是一位平时沉默寡言的女生，本来正担心讨论可能会不充分，谁知那位平时不爱主动发言的女同学却在两人小组讨论中表现十分积极。之后，亚当斯还点名了一组学生来到讲台前，让他们互换角色，面向全班再次进行上述模拟。

在学期的中后程，当学生们对上述检索备忘录中的法律分析更为熟悉之后，亚当斯教授会重新回到主办律师分析会的模拟练习中。待学生们提交了经反复修改的备忘录终稿后，亚当斯教授会点名两位平时不太积极主动发言的学生来到讲台上，在 10 分钟的时间里，向他们抛出一系列问题。相较于学期之初同主题模拟中所提问题，此时亚当斯教授的提问则更为复杂和尖锐。而面对着更缺少耐心的“主办律师”（亚当斯教授扮演）和更加专业的观众，此刻站在讲台上的学生却可以做到沉着应对，因为他们早前已进行过数次演练，撰写了两轮的法律分析备忘录，学期之初参与过一次主办律师分析会模拟，并亲眼目睹过另两名学生在讲台上就同一主题的演练。在笔者当年的课堂上，上台的两名学生成功地完成了困难的考验，班上其他同学也感到自身法律分析与口头表达能力有明显提升。

（六） 低风险的口头辩论

看似有些悖论的是，最具代表性的课堂口头表达能力训练——口头辩论——可以转化为低风险的发言机会，教师们需要做的就是限制辩论的范围、控制辩论时长以及控制学生的事先准备时间。

1. 仅限使用简短语言、援引成文法规定

美国印第安纳大学法学院一年级的“法律检索与写作”课上，常年来沿用着一个经典的成文法分析练习。在上课前的 2－3 日，每组“律所”会被分配到一个假象事实性叙述和新泽西家庭休假法案的文本，并会被安排代表家长方或雇主方立场来考量一系列具体问题，包括该虚拟场景设置中的个体人物是否符合法条中对“家

长”、“子女”和“雇主”的定义等。各组“律所”被允许在课外开会，商讨在仅使用成文法规定的情况下如何完成对本方客户的最佳辩论——而不得援引任何案例或行政规定。

在课堂上，经过数分钟的私下演练后，每组“律所”指派一名代表上台就其在具体问题上的立场展开辩论，回答法官（教师扮演）抛出的各种困难问题。这种口头辩论模式在很大程度上降低了学生遭遇尴尬的局面，原因是：学生辩论中的核心内容是其小组成员共同商议的结晶，所能援引的法律仅限于成文法条，并且发言被限定在规定的短暂时间内完成。事先给予学生通知但仅限几天准备时间，同样在一定程度上降低了他们临场发挥的焦虑。

2. 仅限使用简短语言、无提问环节

在印第安纳大学法学院，教师会要求新生在秋季第一学期耗费数周的时间，来检索和起草与虚拟案例有关的成文法问题之客观性分析备忘录，以便对其中的法律分析有较高的熟悉度，而教师会借此机会，帮助他们从客观性的问题分析过渡到主观辩护技巧的提升，而这也是春季学期的教学重点。在学生们提交了备忘录终稿后，教师就会指示他们在课堂上有数分钟的时间，与其“律所”组员商讨酝酿为本方客户所作一分钟的最佳辩护词。每组“律所”随后推选一位发言人上台，就其观点展开辩论——但发言仅限在90秒之内且不得任意被提问打断。这种口头辩论模式风险低，因为学生已经详熟其中的法律分析，并且所提出辩论的核心内容是经团队全体成员讨论得出。学生登台辩论不会感到很大的压力，因为其知道自己不会被意外的提问而打乱节奏，也因只有90秒发言时间而不会有过高的期望值。

3. 仅限使用简短语言、回答高难度提问

在笔者亲身经历的印第安纳大学法学院JD一年级春季学期“法律检索与写作”课上，待学生们提交了分析报告最终版后，莉萨·法恩斯沃思（Lisa Farnsworth）教授决定举行一次简短的口头辩论实践，称之为“闪电环节”。在课堂上，每一名学生都被要求站上讲台，回答老师提出的各种尖锐问题，但时间仅限3分钟，以闹铃提示作为辩论结束的信号。

在开课之前，法恩斯沃思教授让每名学生以理想状态中上诉法院可能会在口头辩论环节向其对方提问的角度，来编写三个高难度问题。教授随后对这些提交上来的问题进行筛选，剔除掉重复问题。课堂上，将打印了问题的纸条放置于两只纸盒中，一边是面向上诉方的问题，另一边是面向被上诉方的问题。每名学生从纸盒中抽出一个问题，可与“律所”同组组员商讨 90 秒时间，随即登上讲台回答问题，限时 3 分钟。经受住考验、顺利回答完问题的学生走下讲台后，均感到受益匪浅。法恩斯沃思教授指出，这种“闪电”环节教学法可应用于有写作要求的任何学科课程中。

（七） 回答同一高难度问题的二次（三次或四次）机会

耶鲁法学院前院长哈罗德·孔（Harold Koh）教授曾经提醒一年级 JD 新生，在他的课堂上，相同教学内容会反复出现，每次再出现时，都会加强探讨的深度并有细微的侧重点差别——这一过程被他形象地称为“修剪草坪”。这亦是鼓励课堂中沉默学生开口发言的另一种有效途径。

运用孔教授所提出这种“修剪草坪”教学法的一种途径可以是在一节课上介绍一个新的法律概念，然后在下一节课上要求学生们将这一新概念应用进法律实践模拟场景中，并向他们提问一些先前课上该概念引入之前的相同问题。当学生们在课堂上扮演相关角色时，他们已经至少重复接触过一些相同问题：一次是在课前教师发给学生、指导他们进行课前预习阅读的电子邮件中；另一次是在实践模拟之前一两周的课堂上，当时全班正在讨论该新引入的法律概念。给予学生们回答同一问题的反复机会鼓励了课堂上的沉默者，因为其对于未知的顾虑会越来越少：在第一次课堂讨论结束之后，他们有一周或多周的时间来准备所要扮演的角色，并可以从课堂讨论中预判将有可能会在实践模拟环节中被问及的问题。

给予学生们这种提升他们回答精确及深刻程度的反复机会，目的在于驱动他们更好地表达法律原则及关键事实，并且让他们感到自己有能力应对一些高难度的法律问题。每当学生们对同一事实材料“修剪完一次草坪”，他们对相关实体法的理解和运用就会很自然而然地上升到新的高度。

（八） 一对一训练

在条件允许的情况下，在教师办公室与学生进行一对一的模拟训练，是教导学生如何谈论法律的有效方法。印第安纳大学法学院的法律诊所教师都开设有专门的办公时间，与每位学生进行一对一的简短法律实践模拟，其中，学生扮演初级律师的角色，向扮演主办律师的教师汇报其起草的法律检索备忘录。学生现场回答大约五分钟的教师提问后，教师会跳出主办律师的角色扮演，再用数分钟的时间来给学生一些建设性的反馈意见。

这种一对一的模拟训练能够帮助学生尽快掌握何为法律实践中需要准备的预见性问题，准确定位谁是目标读者，以及预判在口头分析报告中主办律师可能会问及的问题和后续跟进提问。通过给学生打造一个尽可能真实的法律实践场景，外加上及时、颇具亲和力、个性化的反馈意见，能够有效帮助学生们理解在法律实务操作中其口头答复应到达何种精确和及时的程度，并帮助他们改掉一些不符合法律实务操作要求的个人习惯。虽然与学生们在教师办公室进行一对一的模拟训练，对于提升学生的口头表达技巧非常有效，但是笔者也意识到，对于那些课程学生人数众多的教师而言，该种方法或许并不可行。但是，法律实务模拟依旧可以在课堂上开展。

（九） 平等的尊重

多种提升学生课堂参与的方法都与给予学生平等的尊重有关。一位知名教育学研究学者曾指出：“在与学生的互动中，教师们常不自主地会对课堂上的学生区别对待。比如，教师会与课堂上一部分学生有更多的眼神交流，对部分学生的发言有更多的点头和手势回应，或当某些学生发言时教师会表现得更有耐心。教师在课堂上一些细微举动还可能纵容或助推了课堂上部分学生的沉默，比如喜好频繁点名某些学生回答问题，只记得部分学生的名字，给予某些学生更长时间来回答问题，频繁打断某些学生的发言，或给予部分学生更多的肯定。”[1]

对于上述批评的一种正面积极回应就是教师有意识地在课堂上尽量避免以上举动发生。要注意与发言学生进行眼神交流，通过点头或手势来展现专注的倾听；喊出发言学生的名字；给予学生回答问题的时间；及时肯定学生在课堂上的出彩表现，以及防止部分高频率发言的学生占据过多课堂时间。杰拉德·赫斯教授专门撰文建议了创设互相尊重的学习环境的多种途径，包括去了解学生个人的人生经历并运用到课堂教学中，体谅学生为准备听课所倾注的时间并在课堂上强调互相尊重的重要性。[2]

（十） 来自其他学生的肯定

来自课堂内外同学们的肯定，能够鼓励难以开口的学生在课上的参与积极性。安东尼·佩奇教授建议学生们组建一个线上同学支持网络平台，在课后对课堂上同学的发言进行跟进式评论。威廉·泰森教授则强调在课堂上为难于开口学生保留颜面的重要性，他曾写信指导笔者：“你可以转而提问其他学生，你可以向该学生提示答案，或者你可以向其分享自己作为学生时第一次被老师提问时的糟糕表现。无论你做出哪种选择，我认为你的目的应该是确保该学生当天是和其他同学在一起有说有笑地离开教室的。你应该尽量引导该学生当天在课堂上的发言能对其他同学的思考产生积极贡献。为什么？因为如果你没有这么做的话，就会令这位学生当天感到颜面无光。就如同学生背上爬上了一只猴子，倘若该学生之后无法在同班同学面前再次正名的话，这只猴子的体重就会每日剧增，直至该学生不堪重负、自信心遭受严重打击。”[3]

一种简单有效的肯定方法就是鼓掌。笔者当年作为印第安纳大

---

〔1〕 王义道：“教学方法改革：改什么，怎么改?”，载《中国高等教育》2009年第6期；另见李灏：“课堂讲授艺术”，载《高等教育研究》1983年第3期。

〔2〕 Gerald F. Hess，“Heads and Hearts：The Teaching and Learning Environment in Law School”，*Journal of Legal Education*，52（2002），75，pp. 94－96.

〔3〕 注：来自宾夕法尼亚大学法学院威廉·泰森（William C. Tyson）教授写给汪诸豪的电子邮件（2012年10月3日，12：18 AM CST）（未公开发表信息，邮件记录由汪诸豪予以保存）。

学法学院JD新生，第一次站在课堂上向全班同学模拟演示初级律师向主办律师汇报法律分析备忘录，当完成挑战走下讲台时，全班同学自发地报以热烈掌声。笔者至今还清楚地记得，自己当时忐忑的心情即刻平复了许多。开展闪电口头辩论教学的莉萨·法恩斯沃思教授曾明确地告诉过班上的学生，每当3分钟辩论结束时，全班都要为完成辩论的学生鼓掌，无论其表现是出彩还是磕磕碰碰。正是从这些例子中获得的灵感，笔者如今会在法大的课上带领全班为在课堂上完成了实践模拟的每一位学生表演者鼓掌。虽然有时候这会显得有些无厘头，但的的确确有助于缓解课堂上的紧张气氛，并创造出一个互助型的学习氛围。

（十一） 消除教师与学生之间的隔阂

对于许多学生而言，法学院学习生涯可能是一次惊悚的经历，而过高的压力或内心惶恐会阻碍其学习能力的发挥。法学院的教师们可以尝试使自己看起来更具有亲和力。你可以尝试和以小组为单位的新生们共进午餐。在耶鲁大学法学院，教授JD一年级新生的老师们通常都会邀请以学习小组为单位的新生在开学第一学期就来自己家中共进至少一次晚餐。宾夕法尼亚大学法学院安妮·科林吉尔（Anne Kringel）教授在开学第一节课上就会与新生们分享她自己当年刚入法学院时的求学糗事，学生们在笑声中也有效缓解了对课程的恐惧和压力。[1]为了减少与学生们在精神层面上的隔阂，笔者亦常在法大自己的课上提醒学生们，笔者也曾经是学生和初级律师。笔者也会用诙谐的语言在课堂上分享自己在美国求学、工作经历中各种犯错的故事。笔者会在课上讲笑话，虽然笔者未曾打算要像父亲一样唠叨学生，但却会在课堂上提及自己的孩子。笔者会在课上提到在家庭与法律职业之间进行角色切换的各种挑战。在课堂上，笔者甚至会角色扮演毫无耐心的主办律师或是令人生畏的法官，只想让学生们明白，这仅仅是一个临时需要扮演的角色，无需有多余的顾虑。

---

〔1〕 Anne Kringel, "Professionalizing the Teaching of Student Instructors", Association of Legal Writing Directors Conference, (2009).

三、总 结

我们可以也应该教导课堂上的“沉默一族”在同学面前开口谈论法律。自信地谈论法律将使学生在法学院求学生涯中受益匪浅，并在其走上法律实践工作岗位之后继续发挥着重要作用。纵容学生脱离课堂讨论，对于学生的职业发展而言毫无益处。沉默的学生往往不能吃透教材内容，缺少与班上其他同学的互动会令他人错过了解自己的机会，并将会失去锻炼、提升法律实践中之关键技能——口述法律技巧的宝贵机会。殊不知，每次课堂上的成功发言经历均有可能对学生的法学院生涯起到潜移默化的重要作用。

笔者不希望看到自己课上任何一名学生失去通过口述来解决问题、加深理解法律分析的机会，也不希望他们中任何一人失去精进自身口头表达技巧的机会。笔者曾经在自己课上使用过的一些鼓励沉默者发言策略并不奏效，而且并非所有学生都能够接受被强迫在课堂上发言。但总体而言，笔者的学生对于本文中所提及的几种鼓励主动谈论法律之策略，予以了积极充分的反馈。

本文中勾勒出的建议或在美国法学院的课堂上，或在笔者的法大课堂上，或在法大其他法学教师的课堂上，对促进学生养成谈论法律之习惯产生了积极效果，并且大多已在许多其他学科课程中有过应用。其背后所体现的基本原理是：反复在公开场合谈论法律的锻炼，将降低学生们每次开口时的焦虑。用宾夕法尼亚大学法学院威廉·泰森教授在课上常说的一句话作为结束：“如果你一次又一次去冒险，很快你就将学会如何能安全着陆，之后一切都会安好。”[1]

---

[1] 注：在笔者于宾夕法尼亚大学求学期间，泰森教授同时供职于宾大法学院和沃顿商学院。笔者选修了泰森教授在宾大法学院开设的“美国证据法”课程，并在沃顿商学院担任泰森教授的助教，协助其开展“沃顿—中国证券业协会”培训项目。泰森教授于 2013 年 12 月 15 日离世，沃顿商学院至今仍然保留有其简介主页（https：//lgst. wharton. upenn. edu/profile/1156/），最后访问日期：2014 年 10 月 1 日。

百花园

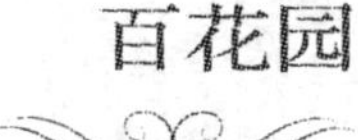

SPRING GARDEN

公安院校法律素质教育再思考

——以非法学专业法律课程为视角[*]

◎ 李　红[**]

引论：题目关键词选择之斟酌

随着课题研究的深入，发现课题中“法学素质”的提法不太合适，改为“法律素质”更为妥帖。“法学素质”和“法律素质”的概念若不区分适用对象，其内涵的界定比较模糊与泛化，如大学生法律素质、公民法律素质。法学是以法律现象为研究对象的各种科学活动及其认识成果的总称。法学素质教育是指对在校法学专业的学生不仅要传授法学理论和法律知识，更要培养学生的法律素养，使他们学会运用法学理论、法律知识解决实际问题的教育。法学素质教育既是一种教育思想与观念，更是一种培养目标与模式。法学素质教育基本内容的界定，应以法学教育和法律职业的特殊性作为基点，体现法学教育专业学术性以及法律职业实践性的特点，

* 本文系北京警察学院2014年度院级课题成果，作者为该课题负责人。在此特别感谢本课题组其他成员李梅、靳邦治两位教师的支持与帮助。

** 李红，女，北京警察学院法律教研部，副教授。

从价值标准、法律职业伦理和核心职业技能等三个层次展开[1]。从法理学角度看，警察群体是不完全包含在法律职业[2]范畴之内的，这是由法律职业的特殊性和法律职业执业活动的基本特点所决定。在各种社会职业中，法律职业具有突出的职业特点和行业背景。在这点上，法律职业与医师职业、教师职业具有共同之处，即国家以法律形式明确建立职业资格制度，对从事这一职业的人员有着比社会一般职业的人员更为严格、更为规范和更高层次的要求。狭义上讲，法律职业包括律师、检察官和法官，从针对法律职业的角度理解（为了避免概念的泛泛而谈），警察作为职业整体未完全包含在法律职业团体内，“法学素质”的提法不完全适用于所有警察。对于法律职业群体的法学素质教育的终极目的是形成法律职业素养，不论是大陆法系国家还是英美法系国家，都有相应的制度化的规范要求。法律职业素养主要包含法律文化、法律思维、法治信仰与法律精神、法律意识、法律伦理、法律语言、法律方法、法律解释等。“法学素质”与“法律素质”在内容上有重叠、交叉，前者更强调专业的广度与深度。但对于警察而言，“法律素质”的提法更现实，也更符合公安院校各专业尤其是非法学专业学生的知识结构需求，故本课题采取“法律素质”为宜。

虽然公安院校法律素质教育是一个老生常谈的话题，但是在新的历史背景下探讨和研究此课题仍有其新的使命和意义。就普遍性意义而言，法律素质是现代公民的基本素质要求，大学生是社会中的特殊群体，法律素质是大学生综合素质的重要组成部分，无论法律素质还是法学素质的培养，都离不开法学教育，而公安院校法学教育的研究与发展，也需要考虑遵循我国法学教育的总体趋势与特点。中国法学教育研究会会长张文显教授在2013年年会中美法学教育分论坛会议上强调：“法学教育的中国模式和中国特色逐渐形

---

〔1〕 孔令章：“法学素质教育内涵的界定”，载《科技资讯》2007年第20期。

〔2〕 法律职业是指以律师、检察官与法官为代表的，受过专门的法律专业训练，具有娴熟的法律技能与伦理的人士所构成的具有自治性的职业共同体。——张文显主编：《法理学》，高等教育出版社、北京大学出版社2011年版，第217页。

成，以本科教育为起点，以多种多样的研究生教育作为高层次法律人才的培养渠道，普通高等学校的法律教育与各种法律职业教育相结合，各类各级法院和检察院以及警察学院等数量众多……中国法学教育是探索与发展中的法学教育。在建设法治中国的新历史时期，中国的法学教育仍然有进一步完善的空间，即需要探索法学教育的创新以及教育方式”。

毋庸置疑，法学教育在大学教育中的地位越来越重要，法学教育的作用、方法以及发展都有着新的研究空间。就公安领域而言，向素质要警力包括向法律素质要警力、警察法律素质与警察执法水平的密切联系，早已在警界形成共识。对于公安院校而言，法律素质教育更是需要加强重视和深入研究的课题。

一、现代警察法律素质的重要性及主要内涵

考察警察法律素质可以从警察素质这一宽泛概念入手，洞察法律素质在其中的位置与重要性。本文认为，沿着四次警务改革的足迹和内在要求，也可以反观公安院校法律素质教育的作用。第一次警务改革就充分意识到警察思想道德教育、至第二次建立高效率、至第三次高质量的执法队伍、警务现代化的技术要求、再至第四次欧美社区警务改革，警察现代化技术与警察哲学的理性结合，每一次改革都意味着对警察赋予了更重的历史使命和更高的素质要求，同时强调了警察培训教育的重要性。警察的教育理念也从“匠人化”向“职业化”转变，从“战士”角色定位转向“战士”与“公仆”两者并重，并突出公仆意识，从偏重“技能”教育转向偏重“学历”教育或者二者并重。回顾过去的警务改革，无论是对传统警务的推陈出新，还是对现代警务的优化升级，每一次警务变革都是基于特定的历史时代背景，都是为了适应不同时期的社会经济发展环境，满足和回应人民群众的新期盼、新要求，现代警务将顺应信息化、集约化、专业化、社会化、民本化等趋势，其中专业化对警察的法律素质提出了更高要求。警察职业的专业化主要源于警察机关是国家治安行政和刑事执法的专门机关，具有依法规范行使

国家公共权力的专业化特点。警察个体的专业化，既是培育警察专业化素养和专业化精神的需要，也是提升警察忠诚度和执行力的重要保障。警务过程的专业化，则是源于警务活动需要受到各项法律法规和内部规章的规制与约束，这有利于确保警务行为有效控制在法律的框架范围内，并始终遵循专业化的运行轨道，这是我国当前警务改革发展的现实需要和主要趋向〔1〕。2011 年 3 月，美国人魁斯特佛·斯顿提出了“警务改革新专业化”，其主要观点为：警务改革、新专业化，有四个要素：承担责任性（accountability）、合法执法性（legitimacy）、改革创新性（innovation）与改革整体性（coherence），其中合理执法性是关键词之一，其内涵包括：执法的合法性、执法的合理性、执法的正统性〔2〕。近些年来，警察公安院校警察专业性受到学界的质疑〔3〕，而警察法律课程应该成为重塑警察专业性的重要突破口。可以看出，无论哪个时期的警务改革，警察与法律之间的亲密关系自始至终没有本质变化，在我国建立法治社会阶段，警察法律素质的培养更是占据非常重要的地位。

习近平总书记在 2014 年年初的中央政法工作会议上指出，公平正义是政法工作的生命线，司法机关是维护社会公平正义的最后一道防线。政法战线要以实际行动维护社会公平正义，让人民群众切实感受到公平正义就在身边，明确提出政法工作要以“促进社会公平正义”为核心价值追求。根据专家解读，社会公平正义实际上包括了两个不同层面的内容：从社会层面上看，公平正义的实现要求政法工作必须始终立足于人民群众的权益保护，深入推进社会治安综合治理，坚决遏制严重刑事犯罪高发态势，积极惩治各种损害人民群众合法权益的违法犯罪行为，维护社会大局稳定，保障人民群众安居乐业；从个案层面上看，公平正义的实现要求政法工作立

〔1〕 陈军生：“浅谈我国警务改革发展问题”，载《公安研究》2013 年第 8 期。

〔2〕 王大伟：“新警察专业化论”，载《中国人民公安大学学报（社会科学版）》2012 年第 6 期。

〔3〕 与医学等专业性极强的高等教育相比，有学者认为，目前警察高等教育中的很多内容都具有开放性和可复制性，很多课程尽管被视为警察的专业课程，但是大多数不具有知识的体系性和封闭性。

足于具体案件，加强自身权力监督，既要在违法犯罪行为的查处过程中充分保障各方的合法权利，更要杜绝冤假错案的发生。就警察执法或司法而言，无论社会层面还是个案层面正义的实现都很大程度依赖于警察的法律素质，个案层面更直接要求警察的专业法律素养达到一定水平，没有个案的正义也无法实现社会正义。

其实，法的内在价值本身就蕴含着对公平正义的追求，警察的法律专业素养高低决定了其实现行政执法、刑事司法的公平正义程度。2010 年 11 月 26 日，前国务委员、公安部部长孟建柱在全国公安教育训练工作会议上强调，需要不断提高民警法律素养，增强执法能力和执法艺术。要紧紧围绕公安工作的现实需要，着眼于岗位上最需要学习的知识、实战中最需要解决的问题，切实加大实战训练，着力提高公安民警的实战能力。

不同的研究资料对法律素质的内涵所论及的内容不完全一致，学者的提法不一。但一般而言，法律素质是由法律知识、法治观念、法律践行能力及法律信仰四个方面共同构成的有机统一体，法律素质教育是一个包括传授法律知识、培养法律观念、强化法律信仰、提高法律践行能力四位一体的有机体系。对于警察而言，具备基本的法律素质是现代法治社会对警察的基本法律能力的要求，是现代警察依法行使警察职权和履行警察职责需要具备的基本条件及潜能。其中，必备的法律知识、相对合理的法律知识结构、正确的现代法律观念是警察法律素质的基础，法治观念是警察法律素质的核心，坚定的法律信仰是法律素质的灵魂，较强的践行能力是警察法律素质的归宿。

于现代法治社会而言，公安执法工作是法律运行中极具实践性的重要环节，是建立法治国家的重要组成部分，对于国家的公权力配置、社会整体利益的捍卫以及公民私权利的维护都有着根本性意义。公安执法环境的完善，有赖于公安队伍职业化的发展、依法治国方略的贯彻实施、社会公民法律意识的提高，等等，这些都对警察的法律素质提出了更高的要求。现阶段，公安院校仍将作为培养高素质人民警察的重要基地，对于即将从事执法工作的预备警官来说，法律素质是不可或缺的基本素质。而法律素质的提高，首先需要完善的法学教育，主要涉及相关法律课程的开设与学习。但是，目前一些公安院校非法学专业开设的法律课程并不完善，对在校学生法律素质的培养仍然存在若干问题，囿于篇幅，本文以法律课程、法律基本理论素养为主要探究内容。

二、公安院校非法学专业法律课程研究不充分，课程设计仍有缺位

公安院校法学专业课程设置、师资配备以及法律课程的受关注度，相比较非法学专业明显占据优势，因篇幅有限，本文不再针对公安院校法学专业法律素质培养进行赘述。公安院校非法学专业学生区别于普通高校非法学专业的学生，具有十分明显的公安特色，加之公安院校培养目标的针对性，凸显出公安院校在培养警察法律素质方面的重要性和难度。

现今我国高校基本上都已将法律基础课设置为非法学专业的必修课程之一，对于非法学专业学生进行法学教育的目的已是不争的事实，但囿于它们自身并非纯科班式的法学专业，法学课程便不可避免、不同程度沦为“副科”地位，学生将通过考试或考查取得学分作为学习的首要目的，这种现象同样出现于公安院校非法学专业，这实质上导致了法学教育同学生的法律素质培养相互分离，学生缺乏比较系统的法律素养乃至进行执法实践的能力。公安院校与其他社会院校相比较，法律课程的设置存在起步晚、规模小、基础差、经费缺、师资弱等现象，但现实生活对通晓法律知识的公安人才却迫切需要。对公安院校法律素质教育而言，挑战与机遇并存。公安院校法律素质教育对公安工作所提供智力支持的作用不容否认；公安院校法律课程设置的优劣，更是直接影响到警察法律知识结构合理性需求的实现。

公安院校大多专业与法律学科有着密不可分的联系。事实证明，只有公安专业知识和技能而缺乏足够的法律知识将无法胜任公安工作。公安院校的法学教育应有自己的侧重点和特色，特别是对

公安院校非法学专业，诸如刑事侦查、治安管理、经济犯罪侦查、缉毒、交通管理等专业的学生而言，更是如此，这些专业与法学课程的联系极为紧密。例如，侦查学与治安管理学是公安院校的两大主体专业，法律课程与这两大专业的业务课程之间关系最为密切。刑法学与刑事诉讼法学中关于案件定性、立案、审查、刑事强制措施适用条件、证据收集和保全、移送审查起诉等内容，正是侦查学专业教育中不可或缺的组成部分；同样，行政法与行政诉讼法学中的案件定性、立案、审查、证据收集和保全、行政处罚和行政强制措施的适用、案件复议、行政诉讼、国家赔偿等内容，也是治安管理学专业教学的重要内容。法学教育为侦查学、治安管理学专业教育奠定了基础；而侦查学、治安管理学专业教育又为法学教育的应用和发挥提供了平台，两者是基础与应用的关系，有机统一、不可分割。可见，法律课程对于非法学公安专业课程具有普适性和本源性，对法律知识的掌握有利于公安业务知识的理解和应用，其在公安专业课程体系中处于重要的基础性地位[1]。本文认为，法律课程对于公安院校法学专业和非法学专业学生是同等重要的，只不过有些侧重差异。公安院校培养目标和就业途径的特殊性以及依法行政原则的要求，决定了法律课程在其人才培养体系中具有不同于普通高等院校非法学专业的地位和作用，而由此决定了公安院校非法学专业的法律课程具有不同于普通高等院校的特殊性，法律课程应是公安院校的核心课程。

长期以来，法学教育在公安院校中都处于十分尴尬的地位。一方面，法学教育被视为不可或缺的基础课程，是所有公安院校都必须开设的课程；另一方面，“除法学以外的公安专业，法律课程普遍开设得不成体系或严重不足”。各专业系部在非法学专业的法律课程设置方面缺乏充分论证与交流，课程设置要么缺位，要么课时严重不足，造成了非法学专业课程的“支离破碎”，难以形成体系

〔1〕 杨雪：“论公安院校法律课程的特色挖掘”，载《辽宁警专学报》2012 年第 3 期。

化。[1]刑法、刑事诉讼法等公安法律核心课程在一些公安院校也只设置了五十多课时，相对于庞大的学科体系，这些课时捉襟见肘，在教学内容选取上不可避免地出现割裂、断层，教师上课的进度比较紧张，不同程度地影响了教学效果。总体而言，公安类专业学生开设的法律课程并不系统，课程之间的衔接并不紧密。在法学课程的选择上，突出表现为重刑法轻民法、重公法轻私法。

一些公安院校对民法、经济法在警察执法办案过程中尤其是涉嫌经济犯罪案件处理需要运用的程度和重要性缺乏深入调研，大多停留于浅层次，反映到非法学专业教学计划中，表现为上述课程的缺位和课序的不科学。民法理论在其完善发展过程中，已显示出对警察权越来越大的制约，没有相应的民事法律知识，就无法正确理解私权，也无从理性地认识警察权的边界。民法知识与理念有助于对公安法学相关概念和制度的融会贯通，如对《治安管理处罚法》规定的公民行为能力、监护人等概念的理解和适用。又如没收财产、追缴第三人占有的赃物的认定、处理，都涉及物权的遵守；警察对某些特殊民事活动如车辆、船舶交易、私房租赁和特业经营等享有直接的管理权，这些法定职权的正确行使，无疑也需要相关的民法知识；警察依法有权对轻微刑事案件、治安案件和民事纠纷进行调解，而调解需要运用的法律、方法与婚姻法、合同法、物权法等民法知识直接相关，等等。也有一些公安院校，只认识到民法学对于治安专业的重要性，忽视了民法与侦查专业、交通等专业的紧密联系，例如交通事故侵权与犯罪的界定涉及侵权责任法律理论；公安实践中开展经济犯罪案件侦查，如合同诈骗、侵财犯罪、侵犯知识产权犯罪、贷款诈骗、票据诈骗、证券犯罪和保险诈骗等经济犯罪，必须具备坚实的民法、经济法基础知识。只有了解民法、经济法的内容及其与公安实践的紧密联系，才能明确其在公安院校课程体系中的定位，才能科学合理地安排课程的教学顺序，制订教学计划。同时必须注意民法是经济法教学的基础，经济法教学过程

[1] 孟令战："拨开公安院校法学教育之迷雾——公安院校法学教育改革论纲"，载《科教导刊》2013年9月（上）。

中，会用到大量的民法知识，所以必须先学民法再学经济法，否则会严重影响到经济法的教学效果和学生学习效率。民法涉及私权利的保护，应该成为公安院校各专业的必修课，课时以及是否作为专业必修课可以根据不同专业加以调整。经济法类课程对于侦查专业的重要性正在逐步得到认同，但还没有达到法律素质教育的高度。有的院校将经济法作为经济犯罪侦查、预审专业的专业基础课，但对经济法的作用及其与专业课之间的关系认识不到位、不深入，相关部门以及任课教师间交流沟通不足。专业基础课是公共基础课与专业课的桥梁，在基础教育和专业教育之间起着“承上启下”的作用，专业基础课与专业课之间联系尤为紧密。公共基础课、专业基础课与专业课都应以提高素质为主要目的，只有在素质教育的大目标下，才能同时突出基础课与专业课的地位，使基础课与专业课达到本质上的内在渗透与融合。

因此，有必要加强非法学专业法律课程类别与课序研究，挖掘部门法学对于公安工作的关联度，侦查、治安、情报、交通管理、法律等系部以及教务部门应该加强沟通，合理安排法学课程，尊重法学基础理论课程的基础性作用以及部门法之间的内在衔接关系，科学合理地安排法学课程的科目、课时与课序。考虑到学科与专业的严谨性，这种研究必须科学细致。例如，从课序上看，无论必修还是选修课程安排，对于同一教学对象，不宜将民法、经济法安排在同一学期，应先安排民法课。有的公安院校在课程内容设置方面已考虑到充分结合公安专业的需要，可以借鉴参考，例如中国刑警学院经济犯罪侦查专业金融犯罪侦查专业方向的课程内容涉及刑法学、侦查学、金融学、犯罪学等多方面专业知识，主要开设金融法学、破坏金融管理秩序犯罪侦查、金融诈骗犯罪侦查等课程；商贸犯罪侦查专业方向主要开设伪劣商品犯罪侦查、公司企业犯罪侦查、知识产权犯罪侦查、市场犯罪侦查等课程；走私犯罪侦查专业方向主要开设走私犯罪法律法规、海关通关程序、走私犯罪概论、会计资料勘验、国家禁止或限制物品走私犯罪侦查、走私普通货物、物品犯罪侦查等课程；涉税犯罪侦查专业方向是主要开设涉税犯罪刑事法律法规、税法概论、涉税犯罪概论、会计资料勘验、涉税犯罪侦查等主要课程。上述课程内容设计紧贴专业特点和需求、与公安实践的联系环环相扣，法学课程与专业课程交织互补，有助于学生专业素质包括法律素质的总体提升。考虑到有的公安院校专业设置比较粗线条、课时总量有限，可以在相关法学课程教学计划方面突出公安特色。例如浙江警察学院根据经济犯罪形势和经侦工作实际，考虑到妨害公司、企业的管理秩序罪，破坏金融管理秩序罪，金融诈骗罪，危害税收征管罪，侵犯知识产权罪等类案件比较多发，以及学院课时安排的限制，经济法教师重点讲解公司法、金融法（含担保法、票据法、证券法、保险法）、税法、知识产权法等，其余的经济法内容差不多可以排除在教学计划之外，实践证明教学效果较好，并能很好地指导公安工作实践。

又如，交通管理方向的应重点学习《道路交通安全法》及实施条例等法律规定；而出入境管理方向的应将重点放在《中华人民共和国公民出境入境管理法》、《外国人入境出境管理法》、《护照法》等法律规定的学习。再如，行业性公安院校如中国刑警学院、南京森林警察学院、宁波海警学院、郑州铁道警官高等专科学校等，其法律教学与其他综合性公安院校相比，应当更具特色。[1]另外，也可以鼓励教师多开设法学选修课，以弥补专业基础课程内容多、课时少的缺陷，内容方面以部门法或部门法的一分支为专题，通常在34－36个课时内讲授，在授课内容的深浅度、教学形式、考核方面可以灵活把握，通过选修课弥补、扩充必修课的内容，实现法学知识的系统性和多维度，从而达到法律素质教育之目的。

总而言之，公安院校对于非法学专业的法律课程之所以没有足

---

〔1〕 以铁道警官高等专科学校为例，根据其特殊的人才培养目标，该校的法律教学必须涉及铁路公安执法的相关内容，法律课程应当以《铁路法》为基础，在具体教学内容的选择上有所侧重。例如在刑法学课程教学中，对刑法分则部分重点罪名的选择上应当充分考虑铁路系统多发罪名，如破坏交通工具罪、破坏交通设施罪、铁路运营安全事故罪、倒卖车票罪等；在行政法与行政诉讼法课程教学中，应当着重讲解铁路公安机关的性质及组织结构、铁路公安执法常涉行政行为、铁路治安案件的处理及铁路公安执法程序规范等相关内容。

够重视，是因为没有充分认识到法律课程在警察素质培养中的基础性作用。公安院校基于特殊人才培养目标的要求，应当注重对学生警察素质的培养，其中法律素质是最基本素质之一。作为未来的执法者，公安院校的学生应当具有强烈的法律意识和法治观念，通过法律课程的学习，可以塑造学生的法律品格，培育学生的正义观念，树立依法行政、秉公执法的理念，而这正是现代警察的必备素质。依法执法是所有公安行为的基础和原则，在此基础之上，才能进一步实现政治素质、道德素质、业务素质及警体素质等培养目标。所以，法律课程在警察素质培养中起基础性作用，法律素质的养成是其他警察素质培养目标得以实现的前提和基础。

三、法律基础理论素养水平不高成为学生将来执法素质与能力发展之掣肘

可以说，前三次警务革命是顺应社会变革对警察提出的改革要求，改革的实践往往超前于改革的理论。如第一次警务革命是工业革命后城市化所产生的阶级分化与对立的产物；第三次革命是科学技术现代化的产物，这三次革命都带有被动色彩。而第四次警务革命是由警察自身提出的，是以警察科学理论研究的突破为先导。第一次警务革命就是要建立新警察，即所谓职业制服警察；第二次警务革命要建立独立的、专业化的文职警察。而第四次警务革命是对警察现代化弊病的痛苦反省，也是在理论指导下的飞跃，这次革命的理论基础包括：基本理论、哲学思辨、实验理论。可以看出，警务革命从外在物质层面转为内在精神层面，而精神层面的提升需要理论依据和理念支撑，这种理论与理念是多维度、多视角的，法学教育是其中不可或缺的一部分。而就法律基础理论教育而言，目前公安院校非法学专业无论是学历教育还是在职培训，这方面都是短板。

首先，非法学专业对法理学、人权法学、宪法学、法哲学、法制史等法律基本理论课程不太重视，师资力量缺乏，研究平台少，大多停留在诸如“应用型”、“复合型”、“实战型”等专业课程，对于法治、人权理念的系统教育以及执法伦理教育的认识还处于相

对落后和低层次阶段。本文认为，既然公安院校法学理论课程比其他高校非法学专业更具重要性与普适性，相关法律基本理论课程可以考虑开设成必修课或者必选课程，以强化学生对这些课程的重视。以法理学为例，民警如果不能够很好地理解法的概念、作用、法本体相关技术层面的制度、法的实施、法的价值以及法与政治、经济的关系，便无法深入理解公安法学课程内容，更难以在执法过程中做到严格、公正、文明、理性、平和执法，这些课程可以考虑作为公安院校非法学专业必开的基础课程，课时量可以少于法学专业，但应该与专业特点相匹配。

其次，从公安教育角度而言，对于非公安法学类课程的课程类别与课序研究不深入、课程开设不够科学，导致学生在校期间法理学、宪法等法律基础理论和民商经济法律知识的薄弱、欠缺，这也是长期制约警察综合法律素质和执法能力提高的瓶颈原因之一。本文认为，公安院校各专业在法律素养、法律理念、法治观念等方面要求应当是同质同等的，不能厚此薄彼。公安院校法律素质教育应当强化法律的通识性教育，使其更加适应公安工作发展的需要，尤其是执法规范化的需要。目前公安院校学历教育程度和办学层次参差不齐，对于学历教育发展成熟的一些公安院校，法律素质教育的目标不应局限于实践性，还应向研究型教育发展，对法律课程的开设更应细化研究。

再次，以人权法学为例，《国家人权行动计划（2009—2010年)》提到，继续鼓励高等院校开展人权理论研究与教育，选取若干高等院校进行人权教育的调研，鼓励高校学者开展人权研究，推动制定高等院校人权教育规划。鼓励高等院校面向本科生开设人权公共选修课，面向法学专业本科生开设人权法课程。推进人权法教材的编写以及教学课件的开发。选取若干开展人权教育较早的高等院校作为人权教育与培训基地。同时强调，有重点地开展针对公职人员的人权教育培训，特别是针对公安、检察院、法院、监狱、城管、行政执法机构等特定执法机构和人员的人权教育培训。各执法部门根据自己的工作特点制定人权教育培训计划，加大对人权保护方面的法律法规的宣传教育，推动人权知识教育常态化、经常化、制度化。警察与人权保障的关系无需赘言，但一些公安院校关于人权法学的教学和研究仍处于观望和起步阶段。

最后，本文认为，与国外相比，中国法学教育无论在理论层面还是实践训练方面都存在一定差距，对于国外的警察大学法律课程没有做更深入调研。但从第四次警务改革趋势来看，对警察更多强调学历教育的重要性，也能反观国外对警察理论素质包括法律理论素质提高之重视。警察法律理论素质包括部门法学理论素质，更包括基本法律理念、权利与权力、法治、人权、法与社会、法与经济、法律文化、法律伦理等。在中国法学教育研究会2013年年会中美法学教育分论坛会议上，维迪法学院院长佩内洛普·布莱恩（Penelope Bryan）教授介绍了美国法学教育的现状，她指出美国法学教育的优势在于，在学校的课程设置中，将法律职业的训练内容始终贯穿于教学之中。主要的职业教育内容包括工作专业实务能力、法律文书材料、法律职业能力。目前，美国法学教育中的主要问题是对法学理论学习的重视不够，应当从案例法学习转到对法学的综合性学习上来，法学理论的阐释深度明显欠缺。

还需强调的是，公安院校法律文化[1]的建设还有待深化，需对学生法律信仰的形成加强重视。法律本身是一种特殊文化现象，历史发展的趋势表明，未来世界的竞争主要是文化的竞争，其焦点又主要集中在法律文化上。从普遍性而言，大学法律文化[2]应当

---

〔1〕“法律文化”是指一个民族或国家在长期的共同生活过程中所认同的、相对稳定的、与法和法律现象有关的制度、意识和传统学说的总体。包括法律意识、法律制度、法律实践，是法的制度、法的实施、法律教育和法学研究等活动中所积累起来的经验、智慧和知识，是人民从事各种法律活动的行为模式、传统、习惯。

〔2〕大学法律文化与高校校园法律文化的不同在于，大学法律文化是以所有大学整体作为一个主体和研究对象，高校校园法律文化则是以各个大学作为独立的个体与研究对象；大学法律文化是以法学研究、法学教育与实践为内容，高校法律文化是以法律常识教育为内容，高校校园法律文化是大学法律文化最浅层次的表现，也是一种法律意识的表征；大学法律文化是一个国家法制建设和公民法律意识最深层次的需要，是一种抽象的专业术语性概念，高校校园法律文化是对大学生进行普法的需要，是一种对大学生进行法治宣传措施的概括性概念。参见徐院珍：“大学法律文化存在的问题与重构意义”，载《现代企业教育》2006年第10期。

是大学先进文化建设中的一种特殊文化，是大学文化的重要组成部分。大学应当成为一个国家、一个民族的法律精华或是法律求知欲和探索法律未知世界的急先锋和卓越代表，公安院校培养未来的执法者，学校法律文化建设相对于普通高校的意义而言更凸显，一个社会法治水平的高低与其执法者的法律素养、法治理念息息相关。培育公安院校的法律文化，树立学生的法律信仰，有助于他们更好地知法、学法、守法、用法。法律素质的形成是法律文化的组成部分，它从法律基础知识的接受、认同开始，达到一定的量的积累后转化为合格的法律素养，在外力和内驱力双重影响之下，法律素养得以增强，进而转化为法律素质，这是一个复杂缓慢的内化过程。在这个过程中，法律文化得以继承和创新，学生的法律素质得以改善和提高。公安院校可以组织所有专业学生定期举办法律知识专题讲座、开展法律知识竞赛、建立法律学习兴趣与案件办理模拟小组，通过假期或期中见习、实习等方式活跃公安院校法学学习气氛，创造多元的学习途径，提升学生学习兴趣，同时积极探索法律文化培育，提升学生的法律信仰。作为文化组成部分的法律文化是主导性文化，决定着其他文化形态的方向和发展，并为其他文化形态服务，警察文化中的法律文化同样居于重要的引领地位。因此，法律文化培育是公安院校法律文化建设的一个重要组成部分，在树立良好校风、提高学生的文化修养、加强人文学科教育、构建公安院校人文精神的同时，需要突出法律文化建设。法律文化教育为法律素质的形成提供更加丰富多彩、深刻广泛的知识养分，帮助学生进行法律基础理论知识的积累，以致在外部影响力和改造力督迫下，完成由书本上的法律基础理论知识向法律素养再到法律素质的内化。公安院校法学教育应从提高学生法律素质入手，增强和提高警察法律意识[1]，使学生在学校基础教育阶段就初步形成比较朴素和清晰的法律思想和法律意识，为以后的执法活动提供符合法律要求的基本保障。警察要实现公正执法，需要比普通公民更知晓法

---

〔1〕“法律意识”是人们对于法（特别是现行法）和有关法律现象的观点、知识和心理态度的总称，是一种观念的法律文化。

律，不能单纯凭经验和有限的技术去解决违法犯罪问题。为提高警察队伍的整体素质与能力，必须强化警察法律素质教育[1]，不断丰富其法律文化内涵，在学校期间就树立其对法律的信仰和忠诚。

法律文化是一个庞大而复杂的课题，本文针对警察法律素质着眼于两点：一是要重视法律课程学习，加强法律思维[2]的锻炼。公安院校学生如果接受了比较系统、成熟的法学知识传授和实践锻炼，会逐渐形成法律思维习惯，这将有助于其学习新的法律法规和处理各种案件。警察的执法不是机械地操作机器，法律是概括的，实际生活却是具体、千变万化的。警察在执法过程中不能机械套用法律条文，而应该运用法律思维，理解法律精神，准确地运用法律，使案件得到正确乃至公正处理。二是要重视法治文化的培育，促成法治观念的形成与强化。[3]法治文化是指从一定的政治、经济、文化的历史和现实环境中生长出来，经过长期社会化过程积淀下来的，人们对法律生活所持有的以价值观为核心的思维方式和行为方式，包括法治意识、法治观念、法治思想、法律价值取向等内容。法治文化意味着法治精神得以普遍地实践和实现，社会活动是法治精神实践的方式、过程和实现的结果。公安院校在强调实践性教学、公安特色理论教学的同时，需要对法学基础学科的重要性重新审视，这些基础学科对于学生法律素质的养成、法律文化的积淀都有着不可或缺的作用。

党的十八大提出了实现国家各项工作法治化的目标，要求全党全社会都要提高法治意识，全面普及现代法治精神，切实以法治文

---

〔1〕 邓国良："警察法学教育的现状、困惑及解决途径"，载《江西警察学院学报》2011年第9期。

〔2〕 "法律思维"就是通过法律的视角看待和解决问题的过程，是对法律的整体概念体系、价值体系以及一系列涉及权利、义务和责任的分配体系有所了解的前提下的逻辑思维、定势思维。

〔3〕 党的十八大报告提出加快建设社会主义法治国家，更加注重发挥法治在国家治理和社会管理中的重要作用，维护国家法制统一、尊严、权威，保证人民依法享有广泛的权利和自由。实现建设社会主义法治国家的目标，必须弘扬社会主义法治精神，树立社会主义法治理念，增强全社会学法、遵法、守法、用法的意识，以法治文化建设奠定法治国家的坚实根基。

化引领法治建设，全面落实依法治国基本方略。从这个角度而言，公安院校法律文化建设可以视为公安机关法治建设的重要组成部分，是预备警官法治观念养成的土壤，执法行为不良习惯、制度规范执行不力等瓶颈问题，迫切需要法治文化来浸润影响、引导改善，让信仰法律、忠诚法律、捍卫法律成为每个学生、每个警察的文化自觉，成为警察依法执法的“软实力”。

Web2.0时代高校法学实践教学数据库建设新探索*

◎ 陈　兵　程　前**

步入21世纪以来，我国高校法学专业招生规模急剧增加，虽然在客观上满足了社会各界对法律人才的需求，但由于培养观念和模式的相对滞后——改革开放后，法律人才的培养主要是满足国家各个权力部门的需要、补充严重缺乏的高校法学专业教师队伍以及科研院所法学研究人员。因此，高校法学专业教育主要是以理论授课为主，重视法学概念体系化的课堂讲授；法学实践教学环节相对薄弱——现已无法很好地适应社会各界对高素质的应用型、复合型以及涉外型法律人才的需求，法科学生毕业便待业的现象大量出现，法学专业难就业不断成为社会诟病的话题。面对如此困境，党和国家下定决心必须深度推进法学教学的改革，以强化法科学生实践技能为主要改革内容的

* 基金项目：吉林大学本科教学改革研究一般项目“法学实训课程网络信息化建设”（项目编号：2013069）；吉林大学本科教学改革研究重点项目“卓越法律人才计划与可控型实践教学体系建设”（项目编号：2013026）。

** 陈兵，男，吉林大学法学院副教授，高等法学教育研究所常务副所长，硕士生导师。程前，男，吉林大学法学院硕士研究生。

各项人才培养计划不断得以实施，将实践能力的培养提升到新中国法学人才培养的历史新高度。

与此同时，伴随以社交媒体为代表的网络通信技术的成熟与广泛运用，其主要用户群体正是我们积极努力培养并寄予历史重任的大学生群体。互联网技术及其理念已经不可逆地影响了当代大学生，这无疑对当下正在进行的高校法学教育改革提出了新的挑战。如何运用网络技术和网络时代的交互理念吸引、服务、更新、助推高校法学实践教学的参与者与管理者的兴趣、观念及认知水平，创新法学实践教学模式，优化法学实践教学资源配置，营造法学实践教学环境，是摆在我们面前刻不容缓的任务。为此，本文从Web2.0时代的内涵与特征分析入手，结合当前我国高等教育改革的趋向，进而探讨建设高校法学实践教学数据库的必要性和可操作性，最后，通过介绍吉林大学法学院法学实践教学数据库的建设方案，希望为优化高校法学实践教学资源，推动高校法学实践教学改革提供可资借鉴的经验。

一、Web2.0时代到来与高等教育改革趋向

（一） Web2.0时代内涵与特征

Web2.0时代的到来，引发了互联网时代一次理念和思想体系的整体升级，由原来自上而下的由少数资源控制者集中主导和控制的互联网体系，转变为自下而上的由广大用户集体智慧和力量主导的互联网体系。与Web1.0时代单纯地重视信息发布与传播相比，Web2.0时代更注重用户的交互作用，用户不仅可以借助网络分享资源，甚至可以参与到网站的建设过程中。需要特别指出的是，Web2.0在技术方面并没有重要的突破，与其说Web2.0是一种新的信息技术或网络模式，倒不如说Web2.0代表了一种崭新的具有开拓性的理念或态度。

Web2.0时代所倡导的信息服务理念以用户为核心，强调以人为本，实现用户个性化与社会群体的协作共创，因而在Web2.0时代也出现了更多的个性化服务方式。其中最具代表性的就是Blog、

TAG、SNS、RSS、Wiki 等社交软件的成功应用。人们不再被动地通过浏览器搜索那些被网站设计者分门别类处理过的信息数据，而是在获取信息资源的同时，也独立地成为信息发布者，使信息从简单的原点辐射传播转变成了裂变式传播。值得注意的是，裂变式的信息传播削弱了信息发布者的绝对权威，使信息的整合发布附带了强烈的个人主义色彩。用户无需围绕在信息的原始中心接受与其关注话题无关的信息，他们可以利用 Web2.0 时代的各种对话工具，形成团体，自主选择信息进行交流，展开深入探讨。总之，以人为本、凸显信息的个性化需求正是 Web2.0 时代的典型特征。

（二）　高等教育改革趋向

当 Web2.0 时代的特征与高等教育改革的需求发生交集时，信息个性化服务与当前倡导的自主协作学习理念得以紧密结合，并深刻影响了高等教育改革的方向。[1] 在现存的协作学习模式中，学习者对知识体系的建构经由与同伴紧密沟通、协调、合作，逐步形成具有鲜明个体特色和群体经验的成果集合。[2] 正是基于 Web2.0 与协作学习对个性化和社交性的相似需求，有教育工作者提出了协作学习 2.0 的概念，即以长尾理论、六度分隔理论、并行生产理论、弱连带优势理论、150 原则为理论基础，运用各种 Web2.0 社会性的工具软件，完成协作学习的重构。[3] 然而，该概念的提出和模式的建立，仍局限于现有协作学习模式下的小组学习，尚未有力回应我国高等教育改革时下面临的挑战，即由于将信息网络技术革命的最新成果运用于高等教育，而发生的大规模在线开放课程（Massive Online Open Course，简称 MOOC）的出现给现代高等教育改革提出的新要求。为此，我们有必要清晰地意识到，基于 Web2.0 时代的到来，高等教育改革将往何处去、其基本的趋向是

〔1〕 江婕、卢晓勇："高等教育信息化影响因素及对策研究"，载《江西社会科学》2014 年第 7 期。

〔2〕 赵建华、李克东："协作学习及其协作学习模式"，载《中国电化教育》2000 年第 10 期。

〔3〕 郑卫兵、赵呈领、刘志英："协作学习 2.0：基于 Web2.0 的协作学习新范式"，载《现代教育技术》2009 年第 1 期。

什么。

1. **教学主动权的转移**

在现行教学模式下，高校教学计划和教学大纲由各级教学委员会或教务部门制定，并报上级教学主管部门核准实施；课堂由任课教师掌控，学生大多是被动地接受“最佳设计”的课程安排，仍旧表现为一种“填鸭式”教育模式。这类教学安排在人文社会科学领域尤为明显。然而，随着高校教育教学改革的推进，尤其是网络信息技术的介入，学生正逐步获取教学的参与权和话语权。课堂上，教师也注意到应避免生硬地传达知识性和信息性的结论，而需要引导学生自主思考，培养学生养成良好的学习习惯，形成专业思维方式。Web2.0 时代的到来，要求我们应进一步利用信息网络技术创新教育教学方式。

就我国目前的高校教学现状而言，尽管课程网络化管理技术已较为成熟，但在课堂教学方面却相对薄弱，常见的教学手段仅限于 PPT 等多媒体教学课件和不甚普及的远程教育系统。而 Web2.0 时代信息个性化的特征，对现代高等教育提出了更高的要求，即在 Blog、Wiki、微信等社交软件普遍运行的潮流下，应将即时通讯软件和其他社交性信息工具融入到教学实践中，通过搭建专业知识与教学信息透明多样的交互平台，引导学生自主学习，激发其内在学习潜能和个性需求，使作为网络用户的学生，经由教学信息交互参与的提升，从教师（信息发布者）单向授业的被动接受者，转变成知识技能的处理加工甚至主动发布者。如此一来，知识和信息的传播无疑更具实时高效性，学生的学习也更加积极主动。更为关键的是，在这一教学过程中，学生个体可经由网络不断拓展人际资源，为日后的个人执业和职业拓展积蓄广泛的社会资源。与此同时，学生个人的声音与行为可以放大到社会空间，甚或形成社会行为，在与“权威”的角力中获得发声的途径和机会，使认知在质疑和挑战中愈辨愈明。当然，考虑到教学计划的整体性和学生尚不成熟的认知能力，教学主动权不能完全转移，需要结合传统教学的优势，由指导教师对教学计划进行整体把握，适时引导学生的学习方向。

2. 教学过程的交互性

Web2.0时代的基本理念是以人为本，注重个性需求，信息只是用户间交流内容的载体。用户选择需要的信息，对信息进行分类加工，再分享给同样关注这一信息的用户群，完成信息的裂变式传播。应用到高校教学过程中，学生不再仅仅是信息的浏览者，也将成为知识、信息或经验的发布者。这并不意味着学生将代替教师传授知识和信息，而是在理解知识的基础上，分享学习成果，交流经验观点，并通过门户网络工具与其他更广范围内的个体展开讨论，经过充分的思考与论证之后，更加全面透彻地掌握专业知识和信息。事实上，这种教学的交互性要求与教学主动权的转移是紧密相连的。Web2.0时代的到来，会造成信息“把关人”功能的弱化，传统教学中的“把关人”，即教师在教学主动权向学生转移的过程中，势必会“被迫”地被削弱其固有的“信息把关”能力。倘若处理不当，教学过程将处于权威缺失的混乱状态，这无疑是实现教学过程交互性所面临的挑战。应当认识到，在成熟的Web2.0时代，即便在社交媒体中信息良莠并存，但是成熟的信息网络中依然会出现一些“意见领袖”，他们主导着大量“围观者”群体，这类主流意见的形成主要依靠信息传播过程中所获得的群体认同感。因此，在对信息传播过程进行有序与规范的控制下，主流意见通常被推定为具有相当的权威性和合理性。这类在问题研讨过程中形成的主流观点，经由教师对该观点进行专业性和科学性的指导，完全可使其既保留学生的原创个性，又符合学术规范和职业要求。由此观之，Web2.0时代教学交互性的实现，不仅有赖于学生用户间信息的充分流动，也要求信息把关人（教师）放开对授业对象的过度干预，即教学的交互性应在学生个体之间和学生与教师之间两个层面得到充分体现。

二、Web2.0时代高校法学实践教学数据库建设的必要性

Web1.0时代的主要特征在现代高等教育中的影响，显见于高校图书馆类电子数据库的建设，这无疑是基于Web概念本身的计

算机网络技术基础，也是目前体现 Web 理念最便捷的途径。随着 Web2.0 时代的到来，现有数据库建设工程在提高数据库利用率、创建专业化数据库、更新数据库维护技术的基础之上，开始吸纳 Blog 技术，使其成为具有互动功能的信息服务平台。用户通过自定义 Tag 标签可订制专属自己的检索系统，甚至利用 RSS 实现信息推送和订制功能。[1] 为确保信息个性化服务的真正实现，目前大部分高校图书馆都提出了特色库的考核政策，[2] 初步体现了数据库交互性建设的理念。从图书馆电子数据库的发展中不难发现，Web2.0 时代特征正不断与高校教育教学类数据库相融合，建设者和管理者正逐步摆脱过时的以信息为中心的思路，转而重视用户的体验感受和个性化需求。可以说，这些成功的高校数据库建设理论与经验，正在成为高校教育其他类型数据库建设的重要理论基础和技术支撑。

2010 年《国家中长期教育改革和发展规划纲要（2010 - 2020 年)》（以下简称《纲要》）发布，其中在第十九章《加快教育信息化进程》中明确指出："加强优质教育资源开发与应用。加强网络教学资源体系建设。引进国际优质数字化教学资源。开发网络学习课程。建立数字图书馆和虚拟实验室。建立开放灵活的教育资源公共服务平台，促进优质教育资源普及共享……强化信息技术应用。提高教师应用信息技术水平，更新教学观念，改进教学方法，提高教学效果。鼓励学生利用信息手段主动学习、自主学习，增强运用信息技术分析解决问题能力。加快全民信息技术普及和应用。"《纲要》为我国教育网络数据库的建设和升级开启了新篇章，网络教学资源的管理和应用成为研究和实践的热点。譬如，在中国政法大学图书馆法律数据库的建设与升级过程中，校方对于数据库的服务转型、技术更新和制度创新作出了努力，[3] 是网络数据库在法

---

〔1〕 侯丽："Web2.0 的特性及对信息服务的创新性思考"，载《图书馆建设》2008 年第 1 期。

〔2〕 张丽静："高校图书馆特色数据库建设中存在的各种矛盾现象分析"，载《大学图书馆学报》2011 年第 1 期。

〔3〕 范静怡："高校图书馆电子资源应用分析与对策——以中国政法大学图书馆法律数据库为例"，载《中国法学教育研究》2010 年第 1 期。

学教育领域的成功尝试。但是囿于对图书馆系统数据库建设价值的现实定位和实际的数据库资源整合能力，该类数据库在实际教学中难以实现完全意义上的信息交互。因此，有学者提出“网络数据库的交互性设计”构想，指出目前我国数据库迫切需要解决的是人际交互设计问题。[1]然而遗憾的是，目前尚缺乏有力的必要性论证和现实的实际需求表达。基于此，笔者通过结合当前我国高校法学教育教学改革的现实困难和Web2.0时代高等法学教育教学的新发展，来有针对性地阐明当下法学实践教学数据库建设的必要性和基本点。

（一） 化解高素质法律人才培养资源匮乏的现实矛盾

近些年来，各大高校法学专业的招生规模不断扩大，即便是在法学专业就业率偏低的当下，法学专业招生数量也未有明显减缩，仍维持在较高位水平，与之相对的是高校法学专业师资力量和实践教学资源普遍不足，加之法学专业现行的培养方案已明显不能满足市场化需求，进而加剧了当前法科学生毕业变待业的现况。面对此困境，中央政法委员会、教育部联合组织实施了“卓越法律人才教育培养计划”（以下简称“卓越计划”），明确提出要把提高法律人才培养质量作为高等法学教育改革的核心任务，其中，提高学生实践技能和职业素养是重中之重，高校法学实践教学改革迫在眉睫。

在庞大的法科学生队伍和实现“卓越计划”提出的高素质的应用型、复合型和涉外型法律人才培养目标之间，存在显而易见的矛盾，如何整合各类法学教育资源，提高资源利用率，化解教学规模与教学质量的矛盾，是亟待解决的战略性课题。为此，不妨从搭建学生自主学习平台，推进交互式学习模式入手，尽快建成具有Web2.0时代特征的个性化和交互性的法律人才培养架构。其中，法学实践教学数据库的建设可作为重点项目实施，若成功，将能有效化解法学实践中教学资源严重匮乏的囧况。法学实践教学数据库的建成可充分实现信息交互，扩大教学信息的发布源，提高疑难解

---

〔1〕 方旭：“新时期教育网络数据库建设研究”，载《Proceedings of International Conference of China Communication and Technology》，ICCCT，2010 。

答的针对性和实时性，克服传统法学实践教学活动受制于场地、时间、人员等物理因素的难题，实现跨时空的自主性交互学习效果。这不仅缓解了师资队伍匮乏和教研工作量不平衡的困境，也有利于提高学生参加学与教互动的积极性。在这一过程中，借助网络数据库技术实现对法学实践教学资源的高效整合、管理、运用及自我发展，将大量碎片化的个体认知转化为系统的体系化的知识，能有效化解卓越法律人才培养的现实困难。

（二） 契合法学实践活动自身的“交互”特征

法学实践教学注重法律思维的养成和法律应用技能的培养，常用的教学方法有模拟法庭课程、法律诊所课程、法律援助课程、学年实习、毕业实习等。在这一类实践课程或教学安排中，设计者是希望学生对自己的学习计划和方案起主导作用，鼓励学生根据自己的判断检索有价值的信息，深入解析，学会自主研究、解决理论和实践问题。〔1〕这一教学过程与 Web2.0 时代的信息个性化服务特征不谋而合，两者均强调用户（学生）对信息处理的参与度，并在个性化标签作用下对资源的利用进行升级，鼓励用户（学生）独立性的形成，避免同质化。

经过我国改革开放三十多年来的积累，经济社会、政治文明、法律文化等社会因素得到了飞速发展，尤其是随着现代竞争意识的引入，市场化理念和模式的强化运营，加强了对高素质专业人才的需求，各种人才，包括法律人才，不应当是千篇一律的教育流水线产品，而是个性鲜明，善于独立思考，具有较强交互性意识的应用型、复合型人才。结合法学实践教学的经验，在“以学生为中心”

〔1〕 当然，由于现阶段我国法学教育模式尚未实现理论与实践的融贯性连接，加之实践教学资源严重匮乏，致使现实中对以上实践教学课程的推广和绩效实现并不理想，亟需改革和创新法学实践教学理念和方式。对于这一点，笔者曾撰文予以系统讨论。参见陈兵：“法学教育应推进模拟法庭教学课程化”，载《中国大学教学》2013 年第 3 期；陈兵：“搭建高校法学教育校内实践教学平台的新探索”，载《黑龙江高教研究》2013 年第 5 期；陈兵：“论高校模拟法庭教学的功能及其实现”，载《高教研究与实践》2013 年第 1 期；陈兵：“可控型法学实践教学体系探索”，载《中国大学教学》2014 年第5 期；陈兵：“卓越法律人才教育培养计划与模拟法庭实践教学”，载《黑龙江高教研究》2014 年第 10 期。

的课程设置模式下，通过促进学生讨论交流，引导学生养成自主学习意识，是确保法学实践教学效果的根本。因此，在Web2.0时代法学实践教学数据库的建设中，应充分重视教学信息资源的交互性，鼓励和要求学生主动发声，分享资源，共同参与建设法学实践教学数据库，进而有针对性地实现学生的个性化培养目标。这既是Web2.0时代到来给法学实践教学活动提出的紧迫要求，亦为法学实践教学改革带来了机遇。

三、Web2.0时代高校法学实践教学数据库建设的可操作性——吉林大学法学院的探索

吉林大学法学院作为新中国法学教学、理论研究和高素质法律人才培养的重镇，承担着提供优质法学教学的历史重任和时代要求。为此，笔者结合Web2.0时代特征和高等教育改革的趋向，探索建设一个信息量大、更新及时、交互性强的法学实践教学数据库，旨在整合现有法学实践教学资源，为吉林大学法学实践教学的深化改革提供有力保障。

目前，国内外较为成功的法学教学数据库大多为研究型数据库，用户包括法院、检察院等司法部门，企业、律师事务所等法人机构，法学教育者、研究者、学习者以及其他法律爱好者。虽然，法学理论研究的网络数据库已然建成，但是尚缺乏专门突出法学实践教学要求和功能的数据库——在这方面，北大法意公司开发的模拟审判系统数据库，可谓一枝独秀，当然也存在改进升级的空间，其个性化和交互性特征彰显不足。为此，笔者立足Web2.0时代高等教育改革的主要趋向——以人为本，重视交互性，服务个性化的特征，利用信息技术手段提高教学资源的使用绩效，优化教育服务和管理机构的运行，扩大受教育人群范围，建设和夯实教育设施基础，努力探索新型教学模式。体现在法学实践教学数据库的建设上，具体为数据库功能的设计，包括提供学生学习资讯与模式实践、协助教师教学答疑与指导实践、信息智能化处理和安全防护等三个方面。

（一） 学习资讯与模式实践

法科学生往往会经历学业和职业选择上的迷茫期，社会经验、职业内涵、现实评价等有效信息的匮乏，会导致学生无法准确定位自己的学习方向。数据库的存在，使学生自进入法学院学习后，通过学院分配的学习账号，加之现代移动互联网技术和设备的大量运用，可以随时随地登录数据库了解各类信息资讯，即便是大一新生也可以从初级意识上认知法律职业的基本特征。数据库可以为法学院学生提供一个学习交流的平台；学生也可以根据自己的需求，依托数据库中大量的教育信息，检索分享到其他法律人的宝贵经验和学术理论，激励其发挥创造性思维，进行主动的个体性学习。与此同时，数据库将提供给学生通过网络模拟参与各类法律实务的平台，学生通过扮演法律职业上不同的角色，进行法律实践技能训练，并经由数据库事先设计的评价标准给出实践成绩，最后经由"实践教学讨论区"分享经验，寻求解答。此时，我们提供给学生的法学实践教学数据库不仅仅是一个资源信息型数据库，更是一个具有自主性和交互性的参与型数据库。

（二） 教学答疑与指导实践

该数据库建立的宗旨是"以生为本"。教师通过网络对学生进行实时关注，将法学实践教学全过程进行可控化操作，包括实践教学的前期准备、理论教学课件等学习资料的上传、实践过程中疑难问题的解答，以及实践教学进度的调整等都可以通过网络完成，从而确保学生在通过该数据库参与实践的过程中得到及时、有效的专业指导，更好地实现教学效果。值得注意的是，数据库不仅是学生获得知识的平台，也是教师科研与教学的成果梳理平台。大量的法律相关信息在此得到优化整合，教师在高效地完成教学任务的同时，也可以高质量地完成科研学术任务，分享教学科研成果与经验。为此，我们也设立具有权限设置的"教师讨论区"。

（三） 信息智能化处理与安全防护

Web2.0 时代法学实践教学数据库的建设应立足"以生为本"，注重个性化培养，鼓励交互性发生，这就要求数据库的建设与发展应是一个开放的过程，一个持续的任务，需要所有参与者的共同努力。当然，在鼓励建设开放型和交互型数据库的同时，也会遇到海量信息如何筛选和处理的难题，必须重视数据库安全防护与开放建设的关系。这方面需要专业人士深度参与，设立学院信息管理办公室，有步骤地、稳妥地开放数据库建设的版块。由于数据库目前还处在试运行阶段，学生作为重要参与者的发布权限仍受到较大限制；未来在开发智能化处理软件后，将尽可能放开限制，交由智能系统形式审查加实名申报审核，这一点可以借鉴优酷网关于视频信息上传、发布、投诉、申报、限制、处罚、追责的管理机制。

综上，在充分考量Web2.0时代法学实践教学数据库建设的诸要点的基础上，将吉林大学法学实践教学数据库的建设分解为三个子数据库，具体为教学资源数据库、教学实践数据库、教学管理数据库。经过动态的数据库更新和调整，整合碎片化的法学教育数据资源，构建开放型和交互型的分享平台，升级现有教务管理系统，力争建成数据信息量大、更新速度快、用户体验丰富、操作扁平易用的权威型数据库。在这一建设过程中，以教学资源数据库为第一期建设内容；拓展实践教学功能，提出开放型和交互型的教学互动平台建设，此为第二期建设内容。与此同时，在第一期和第二期建设过程中，建设和完善教学管理数据库，做好软件开发和系统安全维护。

1. 教学资源数据库

该子库作为法学实践教学数据库建设的首期工程，突出理论教学与实践教学的信息提供、整理、分析的功能，强调对基础性信息资源的掌握，是Web2.0时代个性化和交互性功能得以实现的物理前提。具体包含以下内容：

（1）教学案例。该部分数据可借助北大法意、北大法宝数据库提供的相关信息，同时我们也将地方法院各类典型案例、国外经典案例、国内外模拟法庭竞赛案例，通过专任教师会同实务部门专家，根据实践教学的要求进行分类整理，收录进数据库。在这一过程中，鼓励学生主动参与，提交案例和修改意见。

（2）法律法规。该部分数据主要来源于北大法意、北大法宝数据库实时更新的相关信息，同时根据我院实践教学中发现的问题和学生反馈的要求，补录地方性法律文件、部委法律文件以及国际法律文件。在这一过程中，鼓励学生主动参与，扩大法律法规信息来源。

（3）法学文献。该部分数据主要来源中国知网、北大法宝，收录最权威、最全面的法学文献资源，为法学院师生提供法学理论教学研究的信息保障。与此同时，为学院每位教师和学生开放可供其设计自我订制的文献推送功能。

2. 教学实践数据库

作为最具Web2.0时代特征的子库，其建设和运行始终贯彻开放性和交互性的理念，打造互动平台，形成用户体验与交流中心，教与学的各类信息可在互动平台进行次级传播，并在交互过程中得到甄别筛选，形成主流意见。经过指导教师的帮助，学生对模拟实践中遇到的问题及其解决方案作出开放且现实的评价。具体包括以下内容：

（1）教学创新。国外高校最新法学实践教学平台展示、各种法学实践教学创新实验展示，该部分内容仍以信息介绍为主，但主旨关注教学方式与手段、教学标准与评价，让学生参与投票和选择。

（2）教学安排。实践教学大纲、教学计划、教学内容、教学方法、教学评价等内容，还包括拟开设的实践教学课程推介和学生期望开设哪些实践教学课程的表达。该部分建设主要由参与实践教学的指导老师负责，为法科学生提供教学支持，根据学生的反馈及时调整实践教学的内容、形式、方法等要素。

（3）教学互动。将法学实践教学活动网络化和模拟化，克服大规模学生实践受制于时间、场域及指导教师等教学资源不足的弊端，通过开放型和交互型网络实践平台的建设，实现学生自主参与、自主选择所接受的实践训练的需求，也可以与校内外指导教师进行在线或离线的有效交流，获取专业意见。目前，网络平台能够支持学生单机或联机分组参与网络实践教学活动，并可以根据自己的学习兴趣选择参加模拟实践的类型，其考核成绩允许多次刷机测试。进一步操作目前正在调试，其设计初衷即为激发学生自主参与实践教学的热情，克服时空和人员匮乏等障碍。

3. 教学管理数据库

该子库的建设是为基础数据资源和信息平台交互提供后台管理，为各类教学实践管理规章的发布和教研项目的申报提供资讯，同时对海量信息进行智能化处理，维护网络数据库运行的安全。该子库是对学院现有教学管理信息系统的整体升级，使其功能从单层次的数据统计和发布提升为多层次的信息收集、分析、处理及存储等。具体内容包括：

（1）教学文件。分为教师专区、学生专区及共享区，整理实践教学中的各类相关文件，明确各自权利、义务、责任，使法学实践教学活动纳入法学教学的“正规军”序列。

（2）教学研究。介绍各类实践教学项目实施方案、实践教学研究成果发布、实践教学项目申报、实践教学项目组织、管理与评价，以及实践教学成果展示等。

（3）教学测评。组织、受理、评价各类实践教学活动的效果，认定各类实践教学成果等级，设计、调整评价体系和标准。

（4）教学反馈。收集有关实践教学改革的各种意见，受理各种有关实践教学的投诉与申告，以此作为学院推进和优化实践教学改革相关问题处理的重要参考意见，并及时在网上公开处理决定和改革实施方案。

综上，“以生为本”，坚持个性化和交互式培养，避免同质化教育的弊端，是吉林大学在Web2.0时代建设法学实践教学数据库的出发点和落脚点。学生既是数据库的使用者，同时也是建设和发展数据库的参与者和实施者。在优质的实践教学资源的提供、交流、共享过程中，学生持续不断地为数据库的发展和完善提供信息，贡献智慧，并经由学生个人和指导教师共同的、规范的、系统的试用和检验，使得数据库功能更加强大，用户体验更加人性化，实施效果更加理想。相信经由吉林大学法学院师生的共同努力，吉林大学法学实践教学数据库的建设和发展将为创新Web2.0时代高校法学实践教学改革开辟道路。

关于刑罚执行阶段律师在场问题的探讨

◎ 范德章　范再峰*

一、问题的提出

就当前立法而言，律师在场问题主要关注的是律师在刑事诉讼的侦查、审判等诉讼阶段，为维护犯罪嫌疑人或者被告人的权益，有权在场参与诉讼进行并实现其法律职责。然而，刑事诉讼是由刑事侦查、审判和执行等阶段构成的一个完整的整体。当前立法在关注前两个阶段的同时，却忽视了执行阶段的律师在场问题。这主要体现在我国《刑事诉讼法》和《律师法》的相关规定中。

根据《刑事诉讼法》第四章“辩护与代理”中的相关规定，辩护律师可以接受犯罪嫌疑人、被告人的委托担任辩护人，并享有同犯罪嫌疑人、被告人会见、通信的权利，在案件侦查、起诉、审判过程中依法享有调查、取证、辩护等权利。而《律师法》中也规定，律师在刑事

---

* 范德章，男，河南师范大学政治与公共事业学院法学副教授，硕士生导师。范再峰，男，郑州大学法学院2013级法律硕士（法学）专业硕士研究生。

诉讼中可以从事的业务包括"接受刑事案件犯罪嫌疑人、被告人的委托或者依法接受法律援助机构的指派，担任辩护人，接受自诉案件自诉人、公诉案件被害人或者其近亲属的委托，担任代理人，参加诉讼"和"接受委托，代理各类诉讼案件的申诉"。

从上述的规定来看，律师在场的对象仅限于"犯罪嫌疑人"和"被告人"。在我国，对于在审判之前尚未确定是否有罪的称之为"犯罪嫌疑人"；对审判阶段未作出判决的，则称之为"被告人"。而对经过审判并被判决有罪的，则称之为"罪犯"。由此可见，在我国立法中并没有对执行阶段的律师参与加以规定。

同时，根据《监狱法》第1条规定："为了正确执行刑罚，惩罚和改造罪犯，预防和减少犯罪，根据宪法，制定本法。"在接下来的章节中，分别规定了监狱、刑罚的执行、狱政管理、对罪犯的教育改造、对未成年犯的教育改造和附则，这其实是总则的具体化。纵观《监狱法》全文，关于罪犯的申诉、控告的救济性规定偏少，且并未涉及关于律师的问题，这就使罪犯的申诉、控告权无法得到充分的行使。并且，在其他涉及罪犯重大利益的诸如减刑、假释[1]等程序中，也没有对律师出庭辩护等作出规定。

总而言之，在刑罚执行阶段，立法中律师参与的缺位问题是比较严重的。笔者认为，立法上缺失的背后，反映的是观念上的误区，即习惯将律师的作用限定在判决生效之前，认为律师的作用仅限于辩护，而到了刑罚执行阶段，律师的作用就可以结束了。然而，从刑事诉讼的架构上来看，律师的作用应当是以维护犯罪嫌疑人、被告人和罪犯的合法权益，从而使其在与国家权力的博弈中不至于失衡。因此，在刑罚执行阶段也不应当忽视律师的作用。基于这样的一种考虑，笔者撰写此文，意图对刑罚执行阶段律师在场的

---

〔1〕《中华人民共和国刑法》第79条规定了减刑程序，其内容为："对于犯罪分子的减刑，由执行机关向中级以上人民法院提出减刑建议书。人民法院应当组成合议庭进行审理，对确有悔改或者立功事实的，裁定予以减刑。非经法定程序不得减刑。"另外在《最高人民法院关于办理减刑、假释案件具体应用法律若干问题的规定》中，对减刑的程序作了具体的规定，包括公示、审理、撤销、审核等程序。但笔者研究发现，虽然在其中公示阶段有社会公众对于是否适用减刑的监督，但却对律师的参与只字未提。

问题加以探讨，以供学界指正。

二、刑罚执行阶段律师在场的价值

本文之所以称“律师在场”而不是“律师介入”或“律师参与”，一方面是为了与通常所说的刑事诉讼过程中的律师在场保持制度上的延续性；另一方面律师在场相较于律师参与或介入而言，具有更多参与的实质性，也更能适应刑罚执行这一阶段。

通常而言，即便在刑事诉讼的其他阶段，律师在场也是在某些特定情形下实现的，而非全程在场，刑罚执行阶段亦不例外。因此，刑罚执行阶段的律师在场应当这样理解：当在刑罚执行阶段，出现关涉罪犯刑期增加、减少等处分，或者其他与罪犯权利密切相关的事由时，应当由律师介入对罪犯权利加以维护。可见，刑罚执行阶段的律师在场的首要价值，就是对刑罚执行的监督，并对罪犯正当权利的维护。同时，还可以促进律师职能的拓展，体现保障人权的价值和程序与实体并重的理念。

（一） 对刑罚执行活动的监督，对罪犯正当权利的维护

刑罚裁量行为，是指人民法院根据行为人所犯罪行及刑事责任的轻重，在定罪并找准法定刑的基础上，依法决定对犯罪分子是否判处处罚、判处何种刑罚、刑度或者所判刑罚是否立即执行的刑事审判活动，其时间是发生在判决生效之前。而刑罚执行则是判决生效后，进入刑罚执行阶段，当罪犯具备减刑、假释以及其他条件时，由监狱主管机关提交相关意见书，再由法院经审理作出同意与否的裁定的行为。

对于前者即通常意义所说的量刑，因其属于判决宣告前的审判程序，是刑事诉讼程序一贯的重点，所以律师在场并为被告人作刑事辩护能够自然而然地实现，被告人的权益能够得到较为充分的保障。而对于刑罚执行阶段所出现的减刑、假释事由，因没有律师的在场参与（需合议庭审理时，没有律师在场作辩护），罪犯的利益其实是完全由监狱执行机关、法院及检察院所决定的，这就必然导致一种地位上的失衡。尽管从裁量结果而言，可能是公正的、客观

的，但这种地位上的不平衡本身就是一种程序上的不合理安排，而这种程序意义上的不公正，将会阻塞罪犯在自身合法权利受到侵犯时的救济途径。

以减刑假释为例，我国《监狱法》第 34 条规定："对不符合法律规定的减刑、假释条件的罪犯，不得以任何理由将其减刑、假释。人民检察院认为人民法院减刑、假释的裁定不当，应当依照刑事诉讼法规定的期间向人民法院提出书面纠正意见。对于人民检察院提出书面纠正意见的案件，人民法院应当重新审理。"从条文中可以看到，检察院对减刑、假释的监督主要在于纠正不应当减刑、假释而作出的错误的裁定。从罪犯的角度看，检察院的监督显然不可能对其获得减刑、假释起促进作用。

由此，根据目前的立法规定，刑罚执行阶段的裁定是缺乏有效监督的。但在裁定阶段，如果缺乏第三方的监督，出现错误的可能性就相对较高，而救济机制对罪犯自身而言，也是一种巨大的负担。同时，如果检察院作出了误判，根据当前的机制，错误的认定也不具备被纠正的条件，这就进一步加剧了罪犯权利被侵犯的风险。因此，笔者认为，有必要通过增强罪犯的防御权来改变这种不平衡的态势。通过为其配备律师来行使必要的辩护权，促使罪犯获得正当权益，同时增加对法院、检察院的监督（虽然在公示阶段有社会监督，但这种监督其实是双向的，而在审理时则缺乏监督）。如此一来，即可以增强罪犯维护自身正当权利的实力，降低罪犯权利受到侵犯的风险。从程序意义上也可以做到均衡，促进程序公正。

除了可以有效监督公权力的运行，促进程序公正，刑罚执行阶段的律师在场还可以更好地维护罪犯的正当权利。对罪犯正当权利的维护可以通过对刑罚执行活动的监督来实现，但又不限于此，而是涵盖了罪犯在监狱等刑罚执行场所中，所有可能出现的关涉其正当权利的事由，都需要律师在场的情形。在这种情形下，虽然是在刑罚执行阶段，发生的更多是罪犯与监管机关的关系，但律师的参与绝不应当被视为有碍对罪犯的监管、改造。事实上，罪犯的这种被监管和行为被制度化的地位本身就决定了其属于弱势群体，在这种特殊阶段，其权益很容易得不到保障，所以由律师参与协助解决可以有效实现对监狱等刑罚执行机关的监督，从根本上来讲，可以使罪犯在服刑期间能够得到更多的人权保障。这也有助于其安心服刑，积极改造，为更好地复归社会做准备。

（二） 促进律师职能的拓展

刑罚执行阶段的律师在场，在有效维护罪犯正当权利的同时，也可以进一步推动律师职能的拓展。在传统意义上，律师从事的是诉讼和法律咨询活动。而律师执行职务的目的就是为犯罪嫌疑人和被告人争取尽量多的诉讼权益，为其作无罪或者罪轻辩护，并在诉讼过程中发挥监督作用。按照当前立法的规定，其职能发挥的范围始于罪犯被第一次讯问，至判决生效时止（审判监督程序较为特殊，本文暂不予论述），一旦罪犯被实际交付执行，律师便不再参与。显然，传统意义上的律师职能主要发生在司法诉讼阶段。而监狱等刑罚执行机关一般是被作为司法行政机关看待的，并不是纯粹的司法机关，具有较强的行政管理性，对于罪犯的监管一般不被认为是律师的业务范围。所以刑罚执行阶段的律师在场，则把律师职能拓展至刑罚的执行阶段，也就意味着律师的职能范围跨度不再是至判决生效时止，而是及至刑罚执行完毕，罪犯重新复归社会。这样就使得律师的职能范围有了一个很大的延伸，事实上形成了律师对于遭受刑事诉讼的犯罪嫌疑人、被告人和罪犯在整个非自由人期间职能上的全程覆盖。所以，和传统律师职能相比较，这种律师职能的内容也更加丰富，不仅仅是完成定罪程序，还要处理执行阶段可能影响罪犯利益的各种刑事处分程序，承担更多的维权责任。

在笔者看来，律师是一种特殊的、能够在某种程度上决定一个人命运的职业，同时也是维护社会正义和人权的职业。这种特殊性决定了律师本应承担更多的社会责任，特别是参与刑事诉讼进程的律师，其代理案件的使命不应当以从中获利为唯一目的，也不应当以简单地履行了辩护义务就认为其已经履行了职能，而应当着眼于更好地维护人权。在判决宣告前固然要维护犯罪嫌疑人、被告人的权益，由于进入刑罚执行阶段后罪犯的权益也可能受到侵犯，所以亦不能被忽视。由此而言，律师的关注范围必然要扩大，对被告人的判决生效只是完成了一半的进程；而刑罚执行的期间才是漫长阶段的开始，律师需要对这一阶段予以关注，并能参与到其中，实现其价值。

律师职能的拓展，同时也意味着律师执业理念的更新和执业分类的细化，毕竟刑罚执行阶段不同于之前的定罪程序，有许多新情况要进行研究。如果说上述职能拓展到全程是第一个方面，那么另一个方面就是律师行使职能的分段，即判决宣告前与刑罚执行期间。因此可能会催生两种类型的执业律师，一种是传统意义上的辩护律师，而另一种则是专职刑罚执行期间的罪犯正当利益维护的律师。当然前者也可以同时负责后者职能，这是最理想的状态，不过可能会造成律师的职业压力过大的情形。所以在律师职能的拓展上出现分段式专职律师也是一种可能的情形，不过这里只是笔者关于这个问题的一种拓展性思考，还有待于深入研究。

（三） 体现着保障人权的价值和程序与实体并重的理念

我国《刑事诉讼法》以惩罚犯罪、保障人权为目的。而在刑事诉讼的目的中，人权包括两种层次，一种是全体公民的人权，另一种是为被害人和受追诉人/罪犯所享有的人权。对罪犯而言，人权是一个显得有些尴尬的问题，因为将其置于刑罚执行场所，受到监管，从人权最原始的意义看，这本身就是对其人权的一种限制。所以罪犯的人权显然是不同于一般公民所享有人权，是一种特殊的人权，其内容构成包括为一般公民所享有的权利和罪犯所享有的特殊权利。前者并不及于一般公民人权的全部，只是其中的宪法性基本权利[1]，而后者则不会涉及一般公民。相较一般公民权利，罪犯权利的保护往往会被忽视。然而，罪犯权利的保护程度是衡量一

---

〔1〕 宪法性基本权利：对于人和公民不可缺乏的、不可取代的、不可转让的、稳定的、具有母体性的共同权利。法律意义上的人权指的就是宪法制度保障的基本权利。徐显明：《法理学教程》，中国政法大学出版社1994年版，第397页。

个国家是否真正保障和维护人权的衡量标尺。[1]

就罪犯的矫正而言，惩罚犯罪是受刑人承担相应刑罚的题中应有之义。但笔者认为，刑罚执行阶段的律师在场，更多凸显的是一种对罪犯人权保障的价值取向。或许有人会疑问，刑罚的执行本不就是让受追诉人承担否定性法律评价，让罪犯因其犯罪行为而受到事实上的惩罚。这种说法并不错，如果刑罚的执行没有使罪犯遭受惩罚，那么刑事诉讼的意义就不存在了。但笔者需要强调的是在刑罚执行阶段的律师在场，本身就肯定了惩罚犯罪的目的，并没有否定它，而是在此基础上附加了通过律师在场以实现对罪犯人权保障的情形。因为在监狱等刑罚执行机关，其最主要的职能便是通过对罪犯自由、权利等的限制来惩罚罪犯，对罪犯予以有效管理并维持监狱的安全稳定是其工作的重中之重；对罪犯人权的保障似乎总不是设置监狱的目的。所以在一些重要程序中，律师在场则可以作为对罪犯人权保障的补充。一方面，这种补充不可能突破监狱监管的限制；另一方面，也体现了一种更加重视人权保障的价值取向。

除了人权保障的价值，刑罚执行阶段的律师在场还可以有效落实程序与实体并重的理念。正义不仅应得到实现，而且要以人们看得见的方式加以实现。[2]这是关于程序正义最形象的解释，它是指案件不仅要判得正确、公平，并完全符合实体法的规定和精神，而且还应当使人感受到判决过程的公平性和合理性，即裁判过程的公平，法律程序的正义。而实体正义，从刑事诉讼运行的理想结果来看，可以表述为：实施犯罪行为的人被判决有罪；无辜的人不受定罪；有罪的人得到与其罪刑相当的惩罚。[3]对罪犯在刑罚执行阶段所作出的正确裁定则是实体正义的体现。

笔者认为，当在刑罚执行阶段出现了涉及罪犯权益的事由时，

---

〔1〕 秦强："人权视野中的罪犯权利保护"，载《中国石油大学学报（社会科学版）》2007年第2期。

〔2〕［英］丹宁：《法律的正当程序》，李克强、杨百揆、刘庸安译，法律出版社2011年版，第53页。

〔3〕 宋英辉：《刑事诉讼原理》（第2版），法律出版社2007年版，第14页。

缺乏律师在场本身就是一种程序上的不合法。正如美国在侦查讯问时必须要求律师在场，否则所取得的口供不具备证据的可采性；反过来讲，如果没有律师在场，则这种侦查讯问本身就不为法律认可。之所以要强调刑罚执行阶段的律师在场，是因为以罪犯身份出现的当事人比以被告人身份出现的当事人其诉讼地位以及维权意识可能更弱，更容易出现权益得不到保障的情形，在缺乏律师在场的情况下，裁定结果的正当性便值得商榷。所谓正当性，可以理解为对裁定结果的一种可接受性，它是指这样一种情况：人们对行使权利而产生的结果作为正当的东西而加以接受时，这种权利的行使及其结果就可以称之为具有“正当性”或“正统性”。[1]裁定的正当性不同于裁定的正确性，即便裁定结果是符合事实的，但缺乏了正当性要件，也就不具备可接受性。而正当性则是由程序的公正性、合理性所决定的，也即程序必须具备合法性，这种法是超实在意义上的。

所以，刑罚执行阶段律师在场的设置，可以使相应的刑事处分程序具备真正意义上的公平、公正，在此基础上的裁定结果也就具有了正当性，符合程序正义与实体正义并重的理念要求。鉴于我们国家刑事诉讼长期以来重实体、轻程序，如果在受追诉人权利保障最为脆弱的执行阶段能够实现真正的正义，对于纠正其他程序上的不合法也是很有意义的。

三、刑罚执行阶段律师在场的具体适用

刑罚执行阶段律师在场是有着丰富的内涵与价值的，而如何实现这种价值，就需要有一套合理的制度予以保障，此即刑罚执行阶段律师在场的具体适用问题。笔者认为，应当从三个角度出发来作具体安排：第一个角度是从受刑人的角度，划分刑罚执行阶段律师在场的适用范围，包括横向与纵向两个方面，以及相应具体的适用方法；第二个角度是从律师的角度，主要是扩大律师的职能范围，

〔1〕［日］谷口安平：《程序的正义与诉讼》，王亚新、刘荣军译，中国政法大学出版社1996年版，第10页。

同时根据具体情况设置不同类型的执业律师；第三个角度是从刑罚执行机关的角度，作为罪犯的监管机关，应当在管理制度上有所革新。鉴于文章篇幅有限，仅对上述三个问题做框架性概述。

（一） 刑罚执行阶段律师在场的适用范围与方法

所谓适用范围是指，刑罚执行阶段律师在场应当适用于哪类罪犯及具体的适用事由，总体上可以从横向与纵向两个方面予以划分：横向是根据受刑人所受刑罚种类的不同，分为生命刑与自由刑（自由刑可以再细分）；纵向则是根据出现有可能影响受刑人刑罚实现方式及效果的减刑、假释、漏罪或犯新罪、监外执行等以及其他的涉及罪犯正当权益的事由，需要律师在场予以处置的情形来划分。而适用方法则指在具体事由出现之后应当如何处置的问题。

对适用范围横向划分的第一个层次是生命刑。生命刑因其涉及剥夺罪犯生命，而有其独特的律师在场方式。生命刑分为死刑立即执行与死刑缓期两年执行。对于死刑立即执行的律师在场，主要适用于最高人民法院核准死刑后至死刑执行前出现的涉及罪犯正当权益的需要由律师在场予以维护的情形，以及死刑执行时的律师在场。对于前者，即罪犯等待死刑执行的期间，其律师在场更多的是体现在律师对于保留罪犯生命的一种积极诉求上，为了保留罪犯的生命，律师应当在为此做最后的努力。如果律师认为原判决所依据的某些证据是错误的，可以继续收集相关证据来予以证实，避免出现误判，乃至造成无法弥补的损失。同时在行刑前，律师有权与死刑犯会面，并监督关押机关是否保障了罪犯的权利。而死刑执行时的律师在场，则是要求在执行死刑时，死刑犯的辩护人应当出席对执行程序予以监督。

其实对死刑执行，公众予以监督在美国早已有之。美国对死刑的执行非常严谨，在执行死刑前，会把死刑执行的地点、具体设施、死刑执行地的结构图等具体资料通过网络向全世界公布。并且在执行前会允许律师及亲属与死刑犯会面。而在整个执行期间，会有来自媒体、囚犯方、受害方的代表在三个见证人室对死刑执行予以监督。囚犯方见证人室可以容纳6人，死囚可以邀请2名律师、

2 个亲人或朋友和 1 个精神劝告人到场见证。受害者/社区见证人室可容纳 8 至 10 人。与美国的做法相比，我国对死刑的执行则采取相对秘密的方式进行，执行时，律师与家属在场一般是不允许的，立法上对此也未作规定，所以对执行程序缺乏有效监督。而在实践中，往往会出现死刑执行完毕，死刑犯的家属无法进行遗体告别的情形，这其实也是一种不太人道的做法。因此，设置死刑执行时律师在场，有助于实现死刑执行的透明化，对死刑犯的人权保障也可以上升到一个更高的水平。

死刑缓期两年执行会出现两种结果，即缓刑期满减为无期徒刑和在缓刑期因故意犯罪而被立即执行死刑。前者涉及一个减刑的程序，而后者则需要对新犯的罪予以审判才能定罪，所以必然要有律师在场进行辩护，维护罪犯的权益。特别是后一种情形，因涉及刑罚加重的问题，所以更应当按照一般诉讼程序严格处理，确保律师的辩护能够充分实现，避免法院对犯罪主观方面是故意与否的认定错误，作出错误的判决。

横向的第二个层次是刑罚为自由刑时律师在场的事由。笔者认为，由于自由刑主要是刑期长短的不同，因而在执行过程中所发生的影响罪犯权益的事由具有同一性，所以这个层次更多的是按照适用范围的纵向划分来进行区别对待的（如减刑，可以适用于无期徒刑、有期徒刑、管制、拘役。这可以作为一种情形，以此类推）。按照纵向的划分，可以分成减刑、假释、发现漏罪或犯新罪、监外执行这四种情形。还是以减刑、假释为例。《最高人民法院关于办理减刑、假释案件具体应用法律若干问题的规定》第 25 条规定了减刑、假释的社会公示以及具体公示内容，笔者认为，在进行公示前，或者说早在监狱决定提出减刑意见书时，就应确保受刑人已委托律师，没有委托的应为其指定律师，来对减刑的程序予以监督以及处理将要进行的审理工作。对于开庭审理的情形，必须由律师出庭为受刑人提供协助，监督减刑、假释的审理程序，确保程序公正；对于书面审理的情形，也需要律师参与审理程序，或者至少在裁定前，首先将裁定书交由律师，并给予一定的异议期，以此实现对受刑人适用减刑、假释程序时的律师在场。发现漏罪或犯新罪的处理情形可以比照上文所说死刑缓期执行期间故意犯罪时律师在场的办法处理，监外执行可以比照减刑、假释的程序进行，这里不再赘言。

除了上述情形以外，其他的涉及罪犯正当权益的情形包括如监狱监管机关及人员对罪犯人权的侵犯问题的调查取证等相关工作、罪犯作为刑事被害人的情形等，也需设置相应的律师在场制度。这方面主要涉及监管机关的管理制度建设问题，将在下文论述。

（二） 刑罚执行阶段的相关律师制度构建

刑罚执行阶段设置律师在场，是对传统律师职能范围的一种突破，这种新的业务范围也会催生出新的执业律师，所以需要根据这一阶段的特点构建相应的律师制度来予以保障。

首先是刑罚执行阶段律师在场的期间问题。因罪犯在监狱等刑罚执行机关服刑，其刑罚已确定，因而相较于判决生效前的身份而言，罪犯更多关注的是，通过自己的积极改造而获得刑罚效果的提前实现问题。刑罚执行期间固然比较漫长，但大多数情况下涉及其自身重大利益的往往是几个特定的时间点。这一阶段的律师受案期间无需像判决宣告前那样持续不断地进行，否则就会造成在罪犯的整个服刑期间相关律师就需持续不断关注，这对于律师本人来讲无异于巨大的负担。正如开篇中提到的，刑罚执行阶段的律师在场，主要是重要的刑事处分程序和其他关涉罪犯权益需要律师在场处理的情形，也即仅关注几个特定的时间段，而在其他时间段所发生的事由则主要由监狱等刑罚执行机关予以规制。

其次是执业律师职能的拓展问题。刑罚执行阶段的律师在场，一方面是对现行律师职能的拓展，另一方面则可能催生出新的既司传统诉讼业务、又司刑罚执行阶段在场业务或者专司后者的律师，此即律师执业的多样化。原则上讲，作为罪犯判决前的辩护律师，由其处理罪犯在服刑期间的刑事处分等事由自然最为合适，因为他们与罪犯接触较多，对其也更为了解，但这只是一种理想形态。事实上，原判律师可能会疲于诉讼而不愿再处理罪犯服刑期间的事务

（死刑犯除外，死刑犯的辩护律师在死刑被执行前应当不中断代理），所以应当允许其他律师受理此罪犯的律师在场业务。这种律师在受理此业务时可以同时承担其他诉讼业务，也可以是专司此业务的律师。而其受理期间也可以较为灵活，不需由一人负担罪犯服刑期间所有刑事处分事由，只需在罪犯需要律师在场时，有律师受理即可。

最后，为了使律师在场能够充分实现，还需要考虑律师援助的问题。虽然说刑罚执行阶段律师在场是为了更好维护罪犯的权益，但律师受理案件本身是一种商业性质的服务，并不是无偿的。而律师在场的诉求则终归是由罪犯提起的，如果罪犯因自身经济条件无力负担费用，或者认为自己不需要律师在场提供帮助，那么律师在场就很难实现，罪犯自身的权益保障就存在缺失。所以，笔者认为，实现执行阶段的律师在场应当作为一种崇高的价值追求，它应当是一种国家行为，国家应当尽量保障每一个罪犯都能获得律师在场帮助。由此可以比照法律援助制度，如果确有经济困难的罪犯，没有委托律师的，应当为其指定法律援助律师为其提供免费服务。援助律师可以是律师事务所的专司法律援助的律师，也可以在监狱设置法律援助值班律师提供援助。

（三） 监狱等刑罚执行机关的管理革新问题

监狱等刑罚执行机关作为对罪犯实施监管的机关，与罪犯发生的联系也是最多的，从某种意义上而言，罪犯权益受其侵害的可能性也更大，这就属于上文所说的罪犯在服刑时出现的非刑事处分的其他涉及罪犯权益保障的问题。对于此问题的解决，一方面需要监狱等刑罚执行机关能够在管理理念、具体制度上有所革新，改变以往重惩罚、维持监狱稳定的方针，而应当向着去除罪犯的犯罪标签、维护其权利、促使其更好复归社会这种理念而努力改进管理方式；另一方面在服刑期间如果发生了罪犯权益受侵害的情形，刑罚执行机关也不应该消极排除律师的参与。

笔者认为，在这一问题上，可以参考西方国家的法律援助值班律师制度。所谓法律援助值班律师，是指由法律援助机构指派，在警察讯问、法庭审判等诉讼阶段，免费为当事人提供即时法律咨询、指导，或者作为被指控人的代理人，帮助被指控人申请延期审理、进行保释听证或者处理其他法律事务的律师。[1]我国的法律援助律师与此具有相似性，但发展尚不成熟。这种制度最大的特点就是“值班”，它使得法律援助常态化、专业化，具有及时性。而监狱因其关押罪犯的特性，使罪犯与外界的联系是受限制的，罪犯获得外界的救济较为繁琐，所以可以首先在我国监狱设置法律援助值班律师，行使值班之职，使罪犯能够较快地获得法律救济。同时，对于一部分无法承担律师费的罪犯而言，也意味着可以获得免费的帮助。此外，值班律师还肩负着监督监狱实际管理行为的职责。

四、余　论

刑罚执行阶段的律师在场，是笔者基于刑罚执行阶段律师参与的缺失以及罪犯正当利益维护的潜在隐患，所作的探索性思考。这种思考是沿着对罪犯权利的保障和律师职能的拓展而展开的，意在说明这种制度所蕴含的价值，并试图对这种制度进行一种概括性的构建。

需要进一步指出的是，关于在刑罚执行阶段律师在场的制度设置上，在当前阶段，笔者更倾向于设置专司此职的法律援助律师以及在监狱设置相应的值班律师。如果是罪犯自行委托律师的话，可能会存在诉讼成本较高的问题。此外，律师在场本身虽然会导致诉讼程序更为繁琐以及诉讼律师负担增大的问题，但从公平正义的理念考虑，还是有存在价值的。因笔者才疏及篇幅有限，有些问题尚未具体展开，留待后文详述。

---

〔1〕 郑自文、郭婕：“探索建立中国特色的法律援助值班律师制度”，载《中国司法》2006年第12期。

论元代监察制度与吏治

——完备的监察制度下的吏治腐败问题

◎何　慧　王培松*

与以往朝代相比，元代在中央与地方监察机构设置、监察机构职权行使和官吏选任等诸多方面，更趋向规范性、系统性和独立性；与自成体系的监察机构相对应，元代监察立法也很发达，这些都有利于元代政权的稳定。然而，当我们考察元代的吏治情况时，看到的却是较之以往朝代更为贪腐的官僚政治。对于元代完备的监察制度为何没能有效地遏制吏治腐败问题，下文将进行深入的解读。

一、元代监察制度的完备性

（一）元代监察机构建制自成体系

1. 从中央到地方建立起垂直领导的监察机构

元朝建立之初，在中央并没有建立实施监察的御史台，元世祖忽必烈在其治理国家的过程中，逐渐地意识到“今任职者多非材，政事废弛，譬之大厦将倾，非良工不

* 何慧，女，中国政法大学2012级法律史专业博士研究生。王培松，男，中国政法大学2012级法律史专业博士研究生。

能扶"[1]。面对此种政治局面，元世祖问政群臣，时为转运使的张雄飞对曰："古有御史台，为天子耳目，凡政事得失，民间疾苦，皆得言；百官奸邪贪秽者，则纠弹之。如此，则纪纲举，天下治矣。"[2]翰林学士高智跃亦奏言："宜仿前代，置御史台以肃官常。"[3]忽必烈遂于至元五年（1268年）七月下令，在中央建立御史台，以前丞相塔察儿为御史大夫，张雄飞为侍御史，并戒之曰："卿等既为台官，职在直言，朕为汝君，苟所行未善，亦当极谏，况百官乎！汝宜知朕意。人虽嫉妒汝，朕能为汝主也"。从忽必烈的话中，也不难看出，元代御史台兼有言谏封驳之权。御史台直属于皇帝，对皇帝负责，主要对中书省和附近的几个行中书省进行监督。元代御史台地位较之以往各朝代有很大的提升，其长官御史大夫的品秩则与中书省平章政事、枢密院知院同等，均为从一品。[4]

除了在中央设立"弹劾中书省、枢密院、制国用使司等内外百官奸邪非为"[5]的御史台外，元代还先后在地方设置了四个行御史台，即河西行台、江南行台、云南行台、陕西行台。其中，河西行台裁撤，云南行台改迁，最后仅余江南行台和陕西行台，在成宗大德元年（1297年）统一定名为江南诸道行御史台（南台）和陕西诸道行御史台（西台），"西台建于陕西，南台建于建康"[6]。行御史台是元代独创的监察官署，其监察重点是掌握地方行政大权的行中书省，而其设置则带有明显的政治军事意图。一是"镇遏军民"[7]，面对新征服的南宋地区，元朝统治者通过设置融合蒙古法和汉地监察传统二元因素为一体的行御史台来进行大区监察，这有效地适应了元初特殊的政治军事形势的需要；二是"纠察非违"[8]，《行台

[1]《元史》卷一百六十三《张雄飞传》。
[2]《元史》卷一百六十三《张雄飞传》。
[3]《元史》卷一百二十五《高智跃传》。
[4]《元史》卷八十五《百官志一》。
[5]《元典章》台纲卷之一《典章五·内台·设立宪台格例》。
[6] 叶子奇：《草木子》卷三下《杂制篇》。
[7] 赵承禧：《整治事理》，《宪台通纪》（外三种），第42页。
[8] 赵承禧：《整治事理》，《宪台通纪》（外三种），第42页。

体察等例》规定，行御史台负有“弹劾行中书省、宣慰司及以下诸司官吏奸邪非违”[1]的职责。行御史台直属于御史台，直接对御史台负责，如《行台体察等例》规定：“自行御史台到任日为始，凡察到诸职官赃罪，追问是实，若罪至断罢停职者，咨台闻奏。”[2]明确了行御史台在处理重要案件时必须呈报御史台定夺。

元初除在地方设置行御史台对行中书省和宣慰司等机构进行监察外，至元六年（1269 年）在山东东西道、河东陕西道、山北东西道、河北河南道设置提刑按察司，“巡历州县，察官吏，询民瘼”[3]。至元二十八年（1291 年），元世祖下诏：“改提刑按察司为肃政廉访司，每道仍设官八员，除二使留司以总制一道，余六人分临所部，如民事、钱谷、官吏奸弊，一切委之。”[4]肃政廉访司的主要职责是对全国二十二道监察区的路、府、州、县官员进行监督。其在行政管辖上直属于行御史台或御史台，直接对行台、御史台或皇帝负责。如廉访司官上任，往往先“至行台禀方略”，到职后，又须将行台交办的案件“按问，得不法事数十条，络绎呈台”[5]。

从上述对中央御史台、地方行御史台和肃政廉访司的机构设置及其相关职权的论述中，可以看到，元代自世祖初年至成宗初年的三十多年间，逐步建立起一个由中央垂直领导，独立于政治、军事机构，网络遍及全国的监察体系。在这个监察体系中，各级监察机关职责分明又互相配合，从地方到中央，各级监察机构层层向上负责，最后集权于皇帝，以实现皇权对中央和地方政治及官吏的有效监察。

2. 监察机构行使职权具有相对独立性

元世祖忽必烈曾言：“中书朕左手，枢密朕右手，御史台是

---

〔1〕《元典章》台纲卷之一《典章五·行台·行台体察等例》。

〔2〕《元典章》台纲卷之一《典章五·行台·行台体察等例》。

〔3〕叶子奇：《草木子》卷三下《杂制篇》。

〔4〕《元史》卷十六《世祖本纪十三》。

〔5〕陆文圭：《墙东类稿》卷十四《陆庄简公家传》。

朕医两手的。"[1]由此可见，元世祖对御史台寄予了很高的期望，而要想使“医治”真的起到预期的效果，则离不开相关的制度保障。具体而言，主要体现在监察机关行使职权时所具有的相对独立性。之所以加上“相对”二字，一则在专制社会，监察权要服从于皇权；二则在监察机构行使职权时，同样要受到监督控制。元代监察机构行使职权具有相对独立性主要体现在以下两个方面：

第一，监察机构独立于行政和军事机构，行使纠察百官，振肃朝纲的职责。如元代在中央“立中书省以总庶务，立枢密院以掌兵要，立御史台以纠弹百司”[2]。在职权划分上，元朝统治者将御史台与中书省、枢密院进行分离，三者互不统属，由“司黜陟”的御史台监察“总政务”的中书省和“秉兵柄”的枢密院。《设立宪台格例》规定：“中书省、枢密院、制国用使司凡有奏禀公事，与御史台一同闻奏”，而当“监察陈言，外台咨禀，事关军国，利及生民，便合奏闻，以广视听，不应一例呈省送部讲究”，“应有合禀事理，仰本台就便闻奏”。[3]由此可见，御史台行使职权时，中书省不得进行干预。除中央御史台可独立对中书省和枢密院进行监察外，在地方，行御史台和廉访司亦可对上至行省长官、下至州县各级官吏的奸邪行为进行纠弹。地方官吏一经查出贪赃事实，无需经由官吏所在部门审核同意，行台或廉访司便可“申台呈省”。而对于可以“实封”直言之事，各级监察官员均可直接奏闻皇帝，所言之事直至御前方可拆开。

第二，在监察系统内部，御史台、行御史台、肃政廉访司三者之间在行使职权时也彼此相对独立。如《行台体察等例》规定：“弹劾行中书省、宣慰司及以下诸司官吏奸邪非违，刷磨案牍，行省、宣慰司委行台监察，其余官府并委提刑按察司。”[4]而在行御史台的机构设置上，其与中央御史台在设官、品秩、职责等方面几

---

[1] 叶子奇：《草木子》卷三下《杂制篇》。

[2] 叶子奇：《草木子》卷三下《杂制篇》。

[3] 《元典章》台纲卷之一《典章五·内台·台察咨禀等事》。

[4] 《元典章》台纲卷之一《典章五·行台·行台体察等例》。

乎一致，二者之间涉及公文承转时，也多用平行机构之间使用的“咨”文。由此可知，元代行御史台与御史台在地位上几乎是平等的。而在涉及具体的纠弹百官时，元代亦有“御史台、按察司以纠察百官为职”[1]的规定。这意味着，肃政廉访司、行御史台可以与御史台一样纠弹百司。而这些也在世祖朝，御史台官与行台、肃政廉访司官员共同纠弹权臣阿合马、卢世荣、桑哥诸事中，有充分的体现。

3. 监察机构实行官吏“自选”制度

与监察机构行使职权时具有相对独立性相联系的是台宪官吏自选制度。元代有别于以往朝代，规定中书省、枢密院和御史台三大机构官吏可以自选，除御史台、行台长官基本由皇帝直接任命外，御史台、行台和廉访司官吏可由内部推举。元代有关监察机构官吏自选的记载颇多。《元史·高鸣传》记载：“寻立四道按察司，选任名士，鸣所荐居多，时论咸称其知人。”至元十九年，御史中丞崔彧曾言：“台臣于国家政事得失、生民休戚、百官邪正，虽王公将相，亦宜纠察。选用台察官，若由中书，必有偏徇之弊，御史宜从本台选择。”[2]武宗时，御史台臣言：“中书省、枢密院、御史台、宣政院得自选官，具有成宪。今监察御史、廉访司官非本台公选，而从诸臣所请，自内降旨，非祖宗成法。”对此，武宗降谕：“凡若此者，卿等其勿行。”[3]

事实上，在某些时候，元代监察机构为了实现监察职能，也会部分地放弃此种自选官吏的权力。如成宗朝时，由于“御史台本无选曹，所用人员多于省选流官内公举”，实行“御史用人止于本台举用人内互相调转”的制度以后，因高级官员阙少，中、低级官员人数多，廉访司官任满后“不即迁转”的问题越来越严重。对此，成宗大德元年（1297 年）御史中丞崔彧主动上奏：“各道肃政廉访司官、首领官……今后有阙，省台照依旧例商议，公举通用。”最

[1] 《元史》卷十三《世祖本纪十》。
[2] 《元史》卷一百七十三《崔彧传》。
[3] 《元史》卷二十二《武宗本纪一》。

后，中书省、御史台议定并奏准：御史台“用人则于常调官选之”，“监察御史、首领官，令御史台自选”，“惟廉访官，则省、台共选”。[1]元朝监察官员通过此种妥协的办法，在实现以监察机构自选官吏为主导的基础上，补以“省台共选”，以期保障监察机构的正常有效运转。

与以往朝代相比，元代监察机构在中央与地方监察机构设置、监察机构职权行使和官吏选任等诸方面，都有其明显的特色和变化，监察机构建制也更趋向规范性、系统性和独立性。这些都使得监察机构在皇权控制下，在制度层面上更有力地行使纠弹官邪、振肃台纲的职能。

（二） 元代监察法规系统而完备

元代与自成体系的监察机构相对应的是其监察立法的发达。元世祖忽必烈为了突出监察机构的作用，积极采纳汉族官员郝经提出的以蒙古旧制为基础，“缘饰以文，附会汉法”[2]的主张，期望通过建立完备的监察法规来强化监察机构的作用，进一步发挥其振肃吏治，保证国家机器正常运转的职能。

1. 监察立法系统化、专门化，已具有法典化倾向

通过对《元典章》中有关监察立法的史料进行统计分析，在元世祖“立台之旨”监察思想的指导下，元朝先后出台了四十多项与监察相关的法规，这些法规大多以宪纲条例的形式出现。在对法规的具体内容进行比较分析后，可以看到，其中针对中央的监察法规有8项，针对地方的监察法规有17项，有关监察程序的法规有17项。这些法规构成了元代监察立法的主体，加之因时因势而颁布的皇帝敕诏，共同形成了元代从中央御史台到地方行御史台、肃政廉访司系统化的监察法规，内容更是涉及监察机构职权的方方面面，体现了元代监察立法专门化的趋势。其中尤以至元五年（1268年）颁布的《设立宪台格例》为代表，这是中国古代第一部专门而完整的中央监察法规，无论是在立法指导思想，还是具体内容

---

〔1〕 李治安：《元代行省制度》（下），中华书局2011年版，第878页。

〔2〕 郝经：《陵川集》卷三十二《立政议》。

上，这部监察法都具有基本法的特点，其后设立的《行台体察等例》、《察司体察等例》等法规在内容上也对其多有参照。这些法规不仅明晰了中央与地方监察机构内部的领导、监督、考核职权，也明确了各监察机构的具体职能。

元代监察法规除了具有系统性的特点，其在立法技术上也很发达，表现之一就是监察法规已具有法典化的倾向，这突出体现在《设立宪台格例》和《行台体察等例》两部法规中。法制史学者张晋藩先生在其《中国监察法制史稿》一书中指出："这两部专门的监察法在结构上已初步划分为总则、分则及附则。譬如，首条均概括提出御史台和行御史台的执掌范围，类似总则部分，而在最后一条都作出'该载不尽应合纠察事理，委监察并行纠察'的规定，类似附则部分。此外大部分条款详列监察主体的行为规范及其权利的细化，则为分则部分。这种将总则、分则及附则编于一体的完整法律结构，表现了立法技术的进步和监察立法法典化的趋向。"〔1〕元代监察法规立法技术发达还表现在，许多法规的条文中，多有类似今天法律文本中的兜底性条款的规定。如在《行台体察等例》中，条文最后一条规定："其余该载不尽，应合纠弹事理，比附已降条画，斟酌彼中事宜，就便施行。"〔2〕这一条款一方面体现了在律文无明确规定时，可以"比附援引"的原则；另一方面，又赋予监察机构在面对"该载不尽"的"应合纠弹事理"时，一定程度的自由裁量权。

2. 监察立法内容丰富，明确规定监察机构的权责

元代监察机构的监察事项涉及行政、财经、司法、军事等诸多方面，监察机构行使职权的方式也多种多样，主要有巡按、刷卷等监察手段。监察官员往往会将监察到的问题形成书面文件，这些书面文件，一方面由地方监察机构以"咨台呈（申）省"的方式层层上报中央处理；另一方面对一些重大事件，监察官员可以"实封"言事，直接由皇帝裁决。对于上述监察事项和监察方式，在元

〔1〕张晋藩：《中国监察法制史稿》，商务印书馆2007年版，第383页。

〔2〕《元典章》台纲卷之一《典章五·行台·行台体察等例》。

代监察立法中都有明确的规定。以《行台体察等例》为例，该法规规定行台负有“弹劾行中书省、宣慰司及以下诸司官吏奸邪非违”[1]的职责，主要通过“刷磨案牍”的方式。在条文具体内容方面，《行台体察等例》以列举的方式，逐一规定了行御史台在行政、农田水利、灾害、刑名词讼、军事、人事等方面的监察职权，既有对监察机构之外的行政、军事机构的监察，又有对地方监察机构提刑按察司的考课，该法规对行御史台监察职责的规定无疑是详细而全面的。而该法规以“其余该载不尽，应合纠弹事理，比附已降条画，斟酌彼中事宜，就便施行”作为最后一项条款，也深刻地体现了立法者高超的立法技术。

英国思想史学家阿克顿勋爵曾言：“权力往往导致腐败，绝对权力导致绝对腐败。”[2]元代在赋予监察机构全面的监察职权的同时，也在监察法规中明确了监察官员在履行职责时的禁止性事项和违反职责时的惩罚措施。如为了对提刑按察司进行约束，至元二十一年（1284年）颁布了《禁制察司等例》，该法规规定了“凡在司或巡按，并不得与各路府州司县应管公事官吏人等私同宴饮”，“不得以私己事役使公吏人等”等共计12条内容。[3]对于监察官吏的违法犯罪行为，元代监察法规往往规定加重治罪，如至元二十五年（1288年）颁布的《察司合察事理》中规定：“按察司系纠弹衙门，其本司官吏有犯违法不公，照依已降条画，加等治罪。”[4]更有甚者，罢免其风宪官职，“台宪勿复用”[5]。

元代监察法规系统而完备，这一方面缘于其“附会汉法”，中国古代上千年的监察立法、司法经验是元代监察立法的基础，历代的监察思想无疑为元代监察立法提供了丰富的营养；另一方面，以蒙古贵族为主体的统治集团并没有囿于以往的立法形式和监察思

[1] 《元典章》台纲卷之一《典章五·行台·行台体察等例》。

[2] [英]阿克顿：《自由与权力：阿克顿勋爵论说文集》，商务印书馆2001年版，第342页。

[3] 《元典章》台纲卷之二《典章六·禁制察司等例》。

[4] 《元典章》台纲卷之二《典章六·察司合察事理》。

[5] 《元史》卷十八《成宗本纪一》。

想，元代统治者根据治理国家的现实需要，在中央集权思想的指导下，建立起直接受皇权控制的监察机构，以监察法规的形式赋予监察机构全面的监察职权。元朝统治者期望通过加强监察，来整饬吏治，达到“纪纲举，天下治”[1]的目的。

二、元代吏治腐败的主要表现

正如前文所述，元代监察制度无论是监察机构建制，还是监察立法，较之以往朝代都有明显的进步，其在纠弹奸邪、振肃吏治方面曾经发挥过很大的作用。然而，当我们考察元代的吏治情况时，看到的是较之以往朝代更为贪腐的官僚政治，突出表现在几乎终元之世的权臣贪赃，各级行政机构胥吏贪腐成风，而负有监察职责的监察官员也往往贪赃受贿。

（一） 权臣贪赃终元之世

元初世祖忽必烈登位后，由于连年征战，国库亏空，便开始重用一些具有理财能力的官员，这些手握重权的高级官员在帮助皇帝征敛财富的同时，也开始大肆搜刮民财，中饱私囊。权臣阿合马当政时，“置总库于其家，以收四方之利，号曰‘和市’”[2]，“江南内外宝物，俱半匿聚其家”[3]，“府州司县官，例多阿权通贿，侥幸而得。其南选尤滥，至目之曰：海放此等，贤否不较”，诸官“私徇贪污，十盖六七，习以成风”[4]。阿合马被刺杀后，世祖又任用善于理财的卢世荣为中书右丞。卢世荣亦大肆贪赃受贿，被查获得赃款和赃物“通计钞二万九千一百一十九锭，金二十九锭，银一百六十八锭，茶引一万二千四百五十八引，马一十五匹，玉器七件”[5]。继卢世荣而起的权臣桑哥除借理财之机大肆贪腐外，还干起了卖官鬻爵的勾当。《元史·桑哥传》“桑哥既专政，凡诠调内

---

〔1〕《元史》卷一百六十三《张雄飞传》。

〔2〕《元史》卷一百六十八《何荣祖传》。

〔3〕郑思肖：《郑思肖集》，上海古籍出版社1991年版，第178页。

〔4〕胡祗遹：《紫山集》卷二十二《又论保结之弊》。

〔5〕苏天爵：《国朝文类》卷十四《论卢世荣奸邪状》。

外官，皆由于己，而其宣敕，尚由中书，桑哥以为言，世祖乃命自今宣敕并付尚书省。由是刑爵为货而贩之，咸走其门，入贵价以买所欲。贵价入，则当刑者脱，求爵者得，纲纪大坏，人心骇愕"[1]。成宗大德七年，在中书省11名正、副宰相中，有平章伯颜、梁德珪、段贞、阿里浑撒里、右丞相八都马辛、左丞相月古不花、参知政事迷而火者、张斯立等8人因受朱清、张瑄贿赂而被参劾或罢职。仁宗时，中书省右丞相铁木迭儿"受杭州永兴寺僧自福贿金一百五十两"[2]。顺帝时，中书省右丞相伯颜"专权蠹政，贪恶无比"，"天下贡赋多入伯颜家"。[3]元代出现大量宰相贪腐现象，是以往历史所罕见的，时人吴澄曾言："数十年来，风俗大坏，居官者习于贪，无异盗贼，己不以为耻，人亦不以为怪。其间颇能自守者，千百不一二。"

（二）胥吏贪腐成风

元代除权臣贪腐比较突出外，吏治败坏的另一个显著特点就是胥吏贪腐。胥吏虽然位卑职轻，但因其直接参与大量而繁琐的行政、司法等方面的细务工作，往往借机从中上下其手，其贪腐较之官员更为严重。胥吏往往"视贿赂为权衡，或更一字而生死祸福其良民，或援一例而聋瞽钤制其官长"[4]，"外而交接权豪，内而把持官府，捏合簿书。本身为吏，兄弟子侄，亲戚人等置于府州司县写发，上下交通，表里为奸，起灭词讼"[5]。曾在世祖朝任提刑按察使的王恽在论及胥吏贪腐时，指出："旧例，仓库、院务皆系流外官除授，今者一出人情贿赂，其以贿得者，取倍常为心，其以情得者，务贿赂为事，以致往往失陷赃滥而败，曾无愧惜。"[6]对此，另一位在世祖朝任提刑按察使的官员胡祗遹进一步指出："仓库、院务，虽非所以处清流、待英才之地，亦无以市井细民赂得货财而

---

〔1〕《元史》卷二百零五《桑哥传》。

〔2〕《元史》卷二百零五《奸臣铁木迭儿传》。

〔3〕权衡：《庚申外史》，任崇岳笺证本。

〔4〕危素：《危太仆集》卷六《送陈子嘉序》。

〔5〕《元典章》卷十二《迁转吏人》。

〔6〕王恽：《秋涧集》。

可得者，上以财路卖之，下以财赂得之，上下交征利……即今赃污之弊，莫甚于此。”

（三）监察之官贪腐受贿

对于元代监察官员的贪腐现象，叶子奇在《草木子》一书中有详细的论述：“廉访司官分巡州县，每岁例用巡尉司弓兵、旗帜、金鼓迎送，其音节则二声鼓一声锣。起解杀人强盗，亦用巡尉司金鼓，则用一声鼓一声锣。后来风纪之司，赃污狼藉，有轻薄子为诗嘲之曰：解贼一金并一鼓，迎官两鼓一声锣，金鼓看来都一样，官人与贼一样多。”〔1〕在叶子奇看来，“元初法度犹明，尚有所惮，未至于泛滥。自秦王伯颜专政，台宪官皆谐价而得，往往至数千缗。及其分巡，竞以事势相渔猎，而偿其值”，“于是有司承宪，上下贿赂，公行如市，荡然无复纪纲矣”，以至于“肃政廉访司官，所至州县，各带库子检钞秤银，殆同市道矣”。〔2〕元代统治者面对监察官员的贪腐现象，自世祖朝起直至元末顺帝时，都不断地发布诏谕，振肃台纲，以期督促监察官员积极地发挥监察职能。如成宗时曾下令御史台官员“整饬台事”，若监察机构官员“不用心体察，分外设体例行阿，罪比常人加重”。〔3〕然而，元代统治者“整饬台事”的诏谕并没有换来国家的政治清明，如此频繁地发布诏谕正说明了包括监察机构在内的整个官僚系统已经贪腐成风，积弊难返了。

三、元代吏治腐败的原因分析

元代虽然建立了完备的监察制度，监察法规也明确规定了监察官员违法犯罪将加重处刑，然而这些规定既没能有效地督促监察官员纠弹官邪，整肃吏治，也没能阻挡监察官员贪腐受贿。事实上，在元代从中央到地方官吏贪腐成风的大环境下，负有监察职责的监察官员往往是深陷泥淖而不能自拔。

---

〔1〕 叶子奇：《草木子》卷之四上《谈薮篇》。
〔2〕 叶子奇：《草木子》卷之四下《杂俎篇》。
〔3〕《元典章》卷二《圣政一·肃台纲》。

元代完备的监察制度并没有起到防治官吏腐败的作用，这与影响元代吏治腐败的因素有很大的关系。从现有史料和有关研究来看，影响元代吏治败坏的因素主要涉及两个方面：一方面是元代同以往各朝代吏治腐败相同的因素，包括专制皇权统治下的政治弊端，官员俸薄无以养廉等；另一方面是影响元代吏治腐败特有的因素，包括蒙古旧制对其官僚政治的影响，元代科举取士的没落等。对于这些影响元代吏治腐败的因素，下文将结合元代监察制度，进行具体的解读。

（一） 蒙古旧制对官僚政治的影响

元代是少数民族建立的政权，蒙古贵族在统治中原地区时，采用“祖述变通”的政策，在其政治体制中保留了大量的蒙古旧制，如使官吏贪腐合法化的“撒花”习俗等。在选任官员方面，最突出的就是“怯薛”制度。“怯薛”原为蒙古大汗的宿卫组织，元朝建立后，对其进行了改革，使“怯薛”进一步融合到元朝政治制度中。“怯薛”成员多为蒙古、色目人，其职务可以世袭，“怯薛”成员还可出任其他行政机构长官，因此，“怯薛”对元代政治制度有着举足轻重的影响。加之元代在全国实行民族歧视政策，将人口按民族分为蒙古、色目、汉人、南人四个等级，出身于“怯薛”的蒙古、色目贵族和少数汉族勋贵在元代官僚体系中处于绝对的统治地位。《元史·百官志》有言：“官有常职，位有常员，其长则蒙古人为之，而汉人、南人贰焉。于是一代之制始备，百年之间，子孙有所凭藉矣。”〔1〕监察官员的选任也深受蒙古旧制的影响，“台省要官皆北人为之，汉人、南人万中无一二，其得为者不过州县卑秩”〔2〕。有学者考证，有元一代出任御史大夫的官员都具有显赫的家族背景，大部分出自“怯薛”组织。元代法律也规定，御史大夫“非国姓，不以授”〔3〕。

处于统治地位的蒙古、色目贵族把控着整个官僚体系，这些

---

〔1〕《元史》卷八十五《百官志一》。

〔2〕叶子奇：《草木子》卷之三上《克谨篇》。

〔3〕《元史》卷一百四十《太平传》。

人往往利用手中的特权敛财争利，终元之世的权臣贪腐便是明证。即使有朝一日，特权集团的贪腐行为败露了，元代法律也明文规定，蒙古、色目、汉人犯法分属不同机构管辖，适用不同的法律。事实上，蒙古、色目官员犯罪，往往会得到特权的庇护，元代的监察法规更多时候指向的是官僚体系中的汉人、南人。而身处特权集团的监察机构的高级官员们，也常常徇私舞弊。对此，叶子奇在《草木子》一书中指出："后世渐徇私情，谓非亲不举，非仇不弹，执此之论，反谓当然，而国论遂大不正矣。自庚申帝御极，太平王燕帖木儿为相，即用其弟买里古思为御史大夫。太平既败，继用秦王伯颜为相，亦用其兄子脱脱为御史大夫。幸脱脱听其馆客吴行可之说，发其逆谋，秦王贬死，遂以功名脱脱为相，亦用其弟野先不花为御史大夫。及脱脱见贬，答麻矫诏鸩之，遂以答麻为相，即用其弟雪雪为御史大夫，当时国事已去矣。嗟乎！世祖是官，本以防权奸胶固党与盘结之患，使之有所防范，击刺以正国势。及其末世，台省要任，乃皆萃于一门，殊失养猫捕鼠，畜狗防奸之意。"〔1〕

（二） 元代奉行"以吏治国"的政策

元代官僚机构中的高级官员多是"怯薛"出身的有"根脚"的人，中下级官员则主要来自吏员，时人揭傒斯曾言："我元有天下所与共治，出刀笔吏十九。"〔2〕元代科举取士始于仁宗皇庆二年（1313年），终元之世，科举都不是元朝录用官员的主要途径，"当时由进仕入官者仅百之一"〔3〕，科举更多时候只是统治集团装点政治的一种手段。元朝统治者可以马背上得天下，但要治理天下，具体的行政事务还是需要有能力的人来完成，即使元朝统治者不想让有行政能力的汉族官员染指核心权力，"然钱谷、转输、期会、工作、计最、赏刑、阀阅、道里、名物，非刀笔简

〔1〕 叶子奇：《草木子》卷之三下《杂制篇》。
〔2〕 揭傒斯：《揭文安公全集》卷六《善余堂记》。
〔3〕《元史》卷一百八十五《韩镛传》。

牍无以记载施行，而吏始用”[1]。于是，蒙古官员“高坐堂上，大小事务一切付之于吏，可否施行，漫不省录，事权之重，虽欲不归之于吏，不可得也。为吏者，虽欲避之亦不可得也”[2]。元代法律规定，吏员在任职期满后，考课优异者可以入仕为官，然而很多吏员只是粗识文字，根本不知读书修身，所谓“刀笔以簿，书期为务，不知政体”，在此种情况下，吏员掌握权力越大，腐败现象也越为严重。

元朝统治者出于自身的利益考虑，重用刀笔起家的胥吏，而不重视科举取士，客观上也就忽视了对官吏的道德品行的培养。科举取士，以儒家经典为考试内容，在提升官员文化素质的同时，也客观地提升了官员的道德修养。儒家提倡“克己复礼”、“重义轻利”和“舍生取义”的价值观，儒家思想在提升官员的道德修养的同时，使他们树立起忠、孝、节、义的道德观念，并通过自身的努力，最终实现修身、齐家、治国的价值目标。在儒家思想熏陶下的官员们，往往更懂得道德规范的价值，也努力地使自己的言行符合儒家修身、治国的要求。正如元代科举出身、曾任监察御史的张养浩在谈到预防官员腐败时指出，“刑罚不足以致治，教之而使不犯，为治之道莫尚焉”。[3]，监察官员“尽己之职为国为民而得罪，君子不以为辱，而以为荣。虽缧绁之、椎楚之、斧钺之，庸何悔哉”[4]而这些道德素养，显然是少读诗书的胥吏们所不具备的，正如孔克齐在《至正直记》中所言：“世祖能大统一天下者，用真儒也。用真儒以得天下，而不用真儒以治天下。八十余年，一旦祸起，皆由小吏用事。自京师至于遐方，大而省院台部，小而路府州县以及百司，莫不皆然。”[5]

（三） 元代官吏俸禄微薄

元朝建立之初受蒙古旧制的影响，并未建立俸禄制度，官吏

---

〔1〕 虞集：《道园学古录》卷十五《岭北等处行中书省左右司郎中苏公墓碑》。

〔2〕 徐有壬：《至正集》卷七十五《风宪十事》。

〔3〕 张养浩：《三事忠告》之二《风宪忠告》。

〔4〕 张养浩：《三事忠告》之二《风宪忠告》。

〔5〕 孔克齐：《至正直记》卷三《世祖一统》。

无俸禄以养廉，贪腐公行，直到至元七年（1270年），元朝才规定："投下官吏，其俸禄如王官"[1]。元朝官员的俸禄主要来自俸钞、职田，"凡路、州、司、县亲民官，按品从给公田俸钞"。俸钞实为纸币，由于元朝一直存在财政问题，政府大量发行俸钞，却没有足够的实银进行兑换，导致俸钞急剧贬值，从中统初到至元中后期"物价已增至七倍，渐至十倍"[2]，"诸物增价，俸禄不能养廉，以致侵渔百姓，公私俱不能益"[3]。在俸钞急剧贬值的情况下，职田就成为官员俸禄的主要来源，但元朝从中央到地方各级衙门的吏员却并无职田，就算是能够从职田领取俸禄的官员，也经常受到迁转、离职、请假等情况的影响而被克扣、削减或停发俸禄，且多集中在中下级官员，而这些官员承担了国家大部分繁杂而沉重的行政工作，这些官员的行政效能直接影响着元朝政权的稳定。一方面，官员在行使职权时面临着巨大的压力，另一方面，在生活中又要经常面临低俸或无俸的情况，当两者同时出现时，贪腐几乎是必然的现象。

在对中国古代俸禄与官吏贪腐两者关系的研究中，基本可以得出这样的结论：厚俸并不能杜绝官吏贪腐的现象，但俸薄或无俸只可能成为官吏贪腐的催化剂。对此，元人胡祇遹已有深刻的论述："近日颁降条画，职事官、钱谷官犯赃者或杖死，诚为善政。然以月俸计之，府吏月俸六贯，年来米麦价直，每石不下一十贯，日得二百文，可籴二升，仅充匹夫一日之食，衣服、鞍马、奴仆之费必不可阙者何从而出？父母、妻子何以仰事俯畜？就有田宅物力，为军、为民、为匠、为站，各供本户之赋役尚不满足，苟无田宅，无力者何以为生？至于私家亲戚故旧吉凶庆吊之费，复何可得？况兼钱谷之官，无斗升之禄，无进身之阶，凡有失陷亏欠，则勒令合偿。职事之官则六品而下不过二十贯，一身之费亦不赡给，倘遇官府勾唤，送往迎来，杯酒饮饭，必不能

---

〔1〕《元史》卷九十五《食货志》。

〔2〕胡祇遹：《紫山集》卷九十《实钞法》。

〔3〕《元典章》卷十五《户部一·禄廪》。

免者，又何从出？饥寒切于身，勤劳苦其心，父母妻子冻饿于其前，公私费用逼迫于其后，身既从事，不敢朝夕去职，别营生业。今禁止曰：勿取于民，勿枉法，勿枉求，勿盗窃官钱，虽饭蔬饮水清苦廉介之士亦不能堪，岂非强人以必不能欤？"〔1〕

（四）皇权专制的弊端

中国古代在进入帝国时代以后，皇权始终处于政治的最顶端，监察制度最终也要服从于皇权专制。因此，监察制度能否有效地发挥其纠弹奸邪的作用，很大程度上受到皇帝个人行为的影响。在元代，虽然世祖曾言"人虽嫉妒汝，朕能为汝主也"，但是，台谏官员往往并不是皇帝最信任的人。世祖朝时，由于国库亏空，忽必烈重用权臣阿合马为其敛财，台臣曾多次弹劾阿合马的贪腐行为。对此，忽必烈不以为然，朝臣最终只能利用忽必烈外出之机，诛杀阿合马，而行刺者王著、高和尚在被捕后均被世祖杀害。成宗时，御史台臣弹劾浙江行省平章阿里不法，对此，成宗反而为阿里辩护："阿里，朕所信任，台臣屡以为言，非所以劝大臣也。后有言者，朕当不恕。"〔2〕更有甚者，仁宗时，右丞相铁木迭儿贪腐暴虐，监察御史多次纠弹，仁宗也只是罢其相位，铁木迭儿竟隐匿于太后宫中，其后在太后的庇护下再次出任右丞相，大肆残害监察官员。在中国古代皇权专制的政治背景下，监察活动在很大程度上受皇帝个人喜好的影响。当皇权重视监察制度时，监察往往能够取得纠奸邪、振台纲的效果，而当皇权沦为官员贪腐的庇护伞时，监察活动常常举步维艰。

综括上述，我们可以清楚地看到，元代的监察制度不可谓不完备，然而终元之世却饱受官吏贪腐的毒害。在影响元代吏治腐败的因素中，既有蒙古族特有的旧俗，也有皇权专制、官俸微薄等影响着历朝历代政治腐败的因素。在中国古代特定的历史条件下，人治政治的本质决定了官僚政治的贪腐几乎是一种必然的现象，监察制度只能减少贪腐发生，却难以根治腐败。

---

〔1〕胡祗遹：《紫山集》卷二十《寄子方郎中书》。

〔2〕《元史》卷二十一《成宗本纪四》。

贯彻四中全会精神，创新法治人才培养模式

◎ 吴宝珍*

党的十八大绘制了全面建成小康社会的美丽蓝图，十八届三中全会吹响了全面深化改革的号角，这次四中全会通过的《中共中央关于全面推进依法治国若干重大问题的决定》（以下简称《决定》），又发出了全面推进依法治国的最强音。三个“全面”之间存在强有力的内在逻辑，建成小康社会是我们奋斗的宏伟目标，深化改革是推动我们走向小康社会的内在动力，依法治国是我们到达小康社会的金光大道。

在党领导人民凭借改革的动力全面推进依法治国奔向小康社会的过程中，既需要熟悉和坚持中国特色社会主义法治体系的法治人才，又需要通晓国际法律规则、善于处理涉外法律事务的涉外法治人才。然而，在中国法治教育领域，却出现了结构性人才过剩与短缺并存的现象，一方面是大量的法律人才分配不出去，无法找到适合自己的工作岗位，另一方面是法律人才短缺，许多

* 吴宝珍，女，中国政法大学马克思主义学院副教授。

法律岗位招聘不到合适的法律人才。为了解决这种不尽如人意的法律人才现象问题，《决定》向法学教育界明确提出了创新法治人才培养机制的要求，从而为法学教育改革发展指明了正确的方向。

那么，如何创新法治人才培养的机制呢？本文试图从法教育论的角度，通过考察目前法治教育的模式，努力分析法治知识的真正属性来寻找其背后的“原因”，以《决定》精神为依据，完善法治人才培养模式，提出大学本科的三层次实践教学模式。

一、法学教育模式与问题设定

虽然法学很繁荣，在我国成为“显学”，但是这种繁荣与“显学”却不能说明我国法学教育水平很高，或者在世界法学之林跃居显要位置，反而说明我国法学教育走向了大众教育，或者更准确地说，我国法学教育一起步就是大众教育，从来没有真正成为过精英教育。具体表现为许多大学都开设有法学专业，[1]招收的学生水平参差不齐，教师的知识水平、授课能力和教学质量也是各不相同，用鱼龙混杂、良莠不齐来形容中国的法科学生和法科教师并不过分。

中国有六百多所法学院校，虽然很难全面地陈述其培养模式，但却不难发现其培养模式上的基本倾向，这就是单一化倾向。这种单一化，具体说来就是朝着理论知识学习与知识传承的方向进行培养，仍然是以课堂讲授为主，其他方式为辅。[2]理论教学一直是法学专业教学的主导，实践教学实际上不受重视，即便重视也缺乏这方面的具有实际操作性的研究成果和具体实践模式，致使理论与实践处于相对脱节状况；实践环节基本因循过去的做法，影响了学生能力的培养，“相当多的学生缺乏对法律实

〔1〕在法律发达的美国，也只有两百所左右的大学设置了法学专业，然而在法律不发达的我国却有六百多所法学院校。

〔2〕袁明圣：“我国法学教育的现状与政策调整”，载《法学杂志》2006年第1期。

践的基本感知”。[1]教师照本宣科，偶尔生编一些案例交给学生去解决，而这种案例往往又缺乏代表性，在实践中几乎不会遇到．因此，也就导致课堂上的案例分析不具有实际意义，仅仅是为了案例分析而进行案例分析。

当然，为了提高实践能力，学校虽然也开设模拟法庭，开展多种形式的法律辩论赛等活动，但这些活动毕竟与真正的实践培养模式存在很大差距。例如，模拟法庭在多数高校当中都有设立，但多数形式大于实际，起不到应有的效果。即使有些高校开设了与实践教学接轨的学生法律诊所，但由于学校法律诊所的硬件设施无法满足需求，加之目前法科学生规模庞大，根本不可能有足够数量的高水平教师对学生进行细致的指导，也使得本应发挥实际效果的法律诊所无法发挥应有的效果。

传统教育培养模式带来的直接后果就是越来越严重的结构性人才过剩与短缺并存现象，即中低端法律人才过剩，高端法律人才却极度缺乏，通晓国际法律、懂得经济、金融知识等，又能熟练英语一种或多种语言参与商务谈判、解决各类纠纷的高端人才可谓凤毛麟角、供不应求。这种现象也引起了许多有识之士的反思与批评，按理，大学法学院应大力调整自己的培养方向，培养高端的交叉型、复合型法治人才。然而，在现实中却很少有法学院愿意花大力气或有能力去培养此类法治人才。由于学制障碍，导致法律人才结构性过剩与短缺并存的现象，无法得以改变。其恶性循环导致大量的法学教育资源都用来培养那些已经过剩的法律人才。以致于大量法学本科、甚至研究生毕业了却找不到合适的工作，而那些亟需高端法律人才的用人单位也无法招到所需人才。

造成这种现象的原因是什么呢？法治教育为什么采取理论倾向性的单一化的培养模式呢？表面上这是因为法学院不少教师本身没有多少实践经验，一方面使得教师所传授的法务技巧往往是

---

〔1〕 袁明圣：“我国法学教育的现状与政策调整”，载《法学杂志》2006年第1期。

他们对法务实践的想当然，与真正的法务实践之间具有非常大的差距，因而无法指导学生学习到真正的实践技巧；另一方面也使得教师自觉不自觉的回避实践，偏重理论，这又反过来导致学生也多少会出现重视理论而忽视实践的问题。这是因为偏重理论的单一化的法治教育培养模式已经远远滞后法治教育的发展，无法满足当前我国法治建设的需要。

然而，我们认为，导致法治教育培养模式理论单一化的真正原因却是人们对法治教育内容的知识属性存在着认知上的偏差。

二、法治知识的真正属性

法学在貌似"人声鼎沸"的研究热潮中，很容易忽视对一些基础理论的反思和研究，法治知识的本身属性就是其中之一。哲学的争论没有定论的一个重要原因就在于争论者往往没有意识到所辩护的命题在对象或种类上完全不同于所要攻击的命题。

为了探索与创新法治人才培养模式，就有必要对法治知识的性质进行考察与反思。这是因为如果没有对法学知识属性进行合理的认知，那么所有在此基础之上的关于法治教育的讨论的努力都会失去其基础，成为无根之木，甚至南辕北辙。

从西方思想史看，在亚里士多德之前，人类并没有进行分门别类地研究，因而人类知识也没有像如今这样分化为一门门学科。那时的人类知识是作为一个整体而存在的，这就是人们常说的哲学。那时的哲学学科不是当下的哲学学科，而是没有分化的人类知识，是当今一切知识学科的母体。尽管在柏拉图那里已经有了对算术、平面几何、立体几何、天文学等学科的描述，也讨论了伦理学、政治学和灵魂问题，但却没有从学科角度对人类知识进行分门别类。[1]作为知识整体的哲学，包罗万象，所有关于世界、人生的各种问题都是哲学整体的分支。只是到了亚里士多德那里，才明确将人类的知识即哲学分为三大类：一是理论知

〔1〕［古希腊］柏拉图：《理想国》，商务出版社1986年版，第281－311页。

识，又称思辨知识，是指人类为着知识自身而追求的知识，包括物理学（研究作为运动的“是”）、数学（研究作为数的“是”）和形而上学（研究作为是的“是”的本体论）等；二是实践知识，它是人类为着社会行为而追求的知识，包括伦理学、政治学和法学等；三是创制知识，它是人类为着创建和制作而追求的知识，包括各种技术、工艺等。〔1〕

亚里士多德关于学科的分类，其基本原则仍然是追随其师柏拉图的思想主张。在柏拉图看来，德性与固有功用相联，在灵魂中有三种因素主宰着行为和真理，这就是感觉、理智和欲望。在三者之中，感觉绝不能是行为的开始与起点，这从野兽虽然也具有感觉，但与行为无缘的事实就显然可见。在欲望中有追求和躲避，正如思考中有肯定和否定一样。伦理德性既然拥有选择的品质，而选择是一种经过思考的欲望。这样看来，如若选择是一种恰当的选择，那么理性和欲望应该是正确的。它既是一种肯定，也是一种追求。这样的思考是一种实践的真理，而思辨的、理论的思考则不是实践的，它只有真与假而不造成善与恶。寻求真理是一切思考的功用，而实践思考的真理要和正确的欲望相一致。〔2〕

在亚里士多德的知识分类中，我们不难发现与法治知识最为接近的是实践知识。例如，巴尔伟格教授（Ottmar Ballweg）就认为，通过实践之思获取的知识就是“实践知识”（拉丁文译作 prudentia，英文 practical knowledge），它包括宗教知识、伦理知识、政治知识、法律知识等。〔3〕法治知识之所以是实践知识的原因在于：首先，法治知识研究的对象是法律制度、人类制度以及两者之间的关系，归根到底是人类社会生活关系。这就与纯粹的思辨不同，“思考自身不能使任何事物运动，而只有有所为的思考才是

---

〔1〕［古希腊］亚里士多德：《形而上学》，苗力田译，中国人民大学出版社 2003 年版，第 119－125 页。

〔2〕［古希腊］亚里士多德：《尼各马科伦理学》，苗力田译，中国人民大学出版社 2003 年版，第 119－120 页。

〔3〕参见舒国滢：《法哲学：问题与立场》，北京大学出版社 2010 年版，第 82 页。

实践性的”。[1]其次，法治知识需要价值判断，这种判断并非真与假的判断，而是公正、合理与否的判断。这种判断显然与自然科学所理解的能够精确量化的科学判断不同，更多地涉及明智审慎等品质。再次，法治知识并非完全的“逻辑推演”，而是包含更为重要的体现明智能力的经验，这就要求“通晓个别事物”。[2]最后，就“法学范式”而言，其是“法律知识共同体（法学学者、教授、律师、法官等）经过多年的法律实践沉淀而成并通过职业教育传授的基本法律理论、法律信念、法律方法以及规范标准”。[3]这些范式本身就具有深刻的实践性。由此可见，法治知识是一门具有实践理性的知识体系，“说到底，所谓法学，就是法律的实践知识或法律实践之学”。[4]

因此，我们可以得出结论，法治知识是一个体系。在这个体系中，虽然包括进行纯粹思辨的哲学法治理论以及反映对与错的法治技术，但其主体仍然是规范性知识，对这种规范性知识的传授应该采取与之相适应的实践性的教育模式，而不能采取与之相背离的理论性的教育模式。所以，在法治教育培养模式中，如果我国法学院校将法治知识作为“记忆的学科”来讲授，只是在课堂上灌输一些记忆性的“概念与原理”，自然就不可能具有较好的教育教学效果，就不可能培养出贴近法治实践的法律人才。

三、“三层次”实践性法治教育模式

（一）法治教育模式的“实践转向”

如果我们深刻掌握了法治知识的实践属性，就能够准确地理解如何创新法治人才培养模式。简单地说，就是要进行“实践转

---

〔1〕［古希腊］亚里士多德：《尼各马科伦理学》，苗力田译，中国人民大学出版社2003年版，第120页。

〔2〕［古希腊］亚里士多德：《尼各马科伦理学》，苗力田译，中国人民大学出版社2003年版，第126－127页。

〔3〕参见舒国滢：《法哲学：问题与立场》，北京大学出版社2010年版，第77页。

〔4〕舒国滢：《法哲学：问题与立场》，北京大学出版社2010年版，第81页。

向”。这就是说法学是实践性的学问，单靠课堂讲授是不够的，即使是课堂讲授，由于其讲授对象的实践性因而教学方式与方法也与纯理论知识的讲授存在着区别。另外，对法学教育改革方式的讨论不能再局限于精英化教育还是大众化教育的争论之上。因为无论是精英化还是大众化，都是为了培养出真正符合实践需要的法律人才，更好地促进法治国家建设。

所以，法学教育模式创新就应重点突出法学实践特色，使之更接地气，把法学教育真正与法律实践有机结合起来，真正实现法学理论与法学实践之间的无缝连接，让学生既能学到系统而丰富的法学理论知识，坚定法治信仰，又能在离开学校步入社会后迅速转换角色，将所学法律知识较为妥善地用来处理各类法律难题。

因此，我国法学教育模式的创新面临的真正问题就是如何将课堂教学和实践教学有机地结合起来，在尊重本土资源的基础上寻求训练法律技能的有效机制。[1]

（二）“三层次”实践教学培养模式

目前，我国法学教育中主要的实践模式包括传统的社会实习和新近引入的法律诊所。如果以法律诊所课程为主线，以社会实习为基础，将实践模式确定为法庭旁听、法律工作部门的实习、法律援助活动与模拟法庭，那么就有可能建立起三层次实践教学培养模式。

所谓的“三层次”实践教学培养模式的具体内容就是：第一层次，在本科一二年级，以法学理论知识为基础、以案例教学等方法为手段，结合法庭旁听、见习等方式，培养学生的法律意识和对法律的感性认识；第二层次，在本科二三年级，依托模拟法庭、法律诊所课程，进行实验教学，训练学生的职业能力；第三层次，在本科三四年级，通过假期实习、参加法律援助活动，锻炼学生思维能力、表达能力，培养学生的社会责任感和事业心。

---

〔1〕 袁本涛：“中国高校教学改革的现状与趋势分析——来自2005年国家级教学成果奖的报告”，载《大学教育科学》2006年第2期。

通过“三层次”的实践教学培养模式，做到校内、校外相结合，长期、短期相结合，法律实务工作与法律业务演练相结合，学生的社团活动与业务学习相结合，为学生搭建在实践中学习法律的平台。

（三） 实践性教学培养模式的运行体系

为了切实保障学生参加法学实践活动的时间和活动质量，建立起比较科学的运行体系，在重要的实践教学环节制定一系列的考核指标是非常必要的。这不仅要考虑安排合适的实践活动项目，更要认真推敲每一个项目实行起来的难点和可能产生的管理上的漏洞，提出每一项法学实践活动的时间、数量、质量的要求，设定每个考核点和考核依据，并核算成相应的学分，使学生参加实践、教师指导实践的数量和质量可以科学地考核评估，从而使法学实践体系具有可评估性、可检查性和可衡量性，保障法学实践的教学质量。具体来说：

第一，在模拟法庭的教学环节中，为了培养学生的素质，要求学生在修业年限内必须参加模拟法庭课，一般在第五或第六学期的开学之初进行，因为此时学生的实体法和诉讼法课程基本学习完毕，已经参加了假期实习和法庭旁听，对法律知识和法律程序有了初步的认识和了解，在这种情况下，再通过实际演练，能够加深对所学知识的理解，深化对程序的认识。

通过模拟法庭教学过程，学生获得的知识和能力如下：一是掌握相关的实体法和程序法的基本理论和知识；二是了解法庭庭审的基本程序和要求；三是锻炼组织能力、论辩能力、应变能力和运用法律解决问题的能力。

第二，专业实习的实践教学环节中，要求学生通过参与公检法、律师事务所、法律援助机构、公证处等机构的工作，将所学知识在实践中验证和应用，学习和获取法律实践经验，加深对所学知识的认识，提高运用法律知识解决问题的基本能力。

由于这样或那样的原因，虽然法学院校都有实习制度，但却缺少足够的重视，也缺乏有效的措施保障，所以实习制度难以真正落实。为了保障实习效果，建议从如下四个方面完善实习制度：一是充分利用社会力量和资源，与社区、法院、律所等单位联合，共同建立、健全实践教学基地。二是灵活安排实习时间。改变原来那种集中实习的做法，赋予学生更大的选择权，由学生选择实习的时间，分阶段实习。实践教学环节连续安排在每年之中，常年有，不间断，使专业技能培养不断强化、提高，有利于学生职业能力的形成。[1]实践证明，灵活安排实习时间这种模式符合人的认识规律，使理论教学与实践教学有机结合，有利于理论知识的理解吸收并在理论指导下培养实际技能。三是国家、社会、学校共同参与培养应用型和实践型的法律人才，使学生接触实际业务，学到实际本领。对大学生实践能力的培养，仅靠学校是很难做到的，必须依赖国家和社会的共同参与。特别是国家应该协调各方面的积极因素，统筹教育实习各方面的关系，通过立法加强全社会对学生实习的参与，使各级单位接收大学生实习成为应尽的责任，逐步形成社会各界自觉支持教育的运行机制，确保实习工作有章可循。四是建立科学合理的管理测评体系。对分散实习有必要增加实习的申请审核环节；加强对实习过程的监督，对实习点进行不定期巡视，法学院校应与实习点的指导老师经常沟通；还可以建立实习小组，由学生自主管理，定期召开小组会议，填写实习日志和小组活动日志，由小组长定期向学校汇报；对学生的实习成绩进行综合考核，可以将实习态度、实习纪律、日常工作、法学知识、写作能力、行为表现、实习日志、实习总结、实习报告等各方面列入考核的内容。

第三，法庭旁听是开放式教学实践活动，是实践教学环节的重要组成部分，即组织学生到法院旁听课堂讲授中涉及的实体法与程序法知识。旁听后，主动和法官、指导教师、同学交流，写出个人心得体会，完成法庭旁听报告。根据所开设的课程和学生

---

〔1〕 比如，扬州大学法学院正在试行的四年不间断的实践教学体系，一年级的暑期优秀法律工作者的素质调查、二年级的法律咨询与服务、三年级的模拟法庭与专业见习、四年级的专业实习与毕业论文等。

需要解决的问题，与法院联系，选择合适的案件，组织学生旁听；或者在法学院范围公告案件开庭的信息，由学生自主选择感兴趣的案件，按照法院的相关要求，参加旁听；另外，法学院也可以将法院的真实审判引入校园，在校园内真实开庭，更有利于学生参与旁听。

考虑到旁听是一种感性活动，必须通过多次感官的刺激，才能取得感性认识，因此要求修业年限内参加法庭旁听的次数至少要五次。法庭旁听报告要清楚明晰，能够反映案件情况、庭审过程，要把双方争执内容、争执焦点记清，提出个人的理解和评价意见，同时理清案件焦点，进行案情分析，分析法庭审判程序上的优缺点，审判方式上的特点。

第四，法律援助也是法治教育实践模式的重要环节。如果鼓励和支持法学院系的学生利用自身资源为经济困难的公民提供法律援助，采取多种渠道和形式，架起二者之间的桥梁，使法律援助志愿者在各级法律援助机构的组织和指导下参与具体的法律援助工作，法律援助事业将大有可为。法学院校学生参与法律援助活动具体形式有：一是与社区结对子，深入社区进行法制宣传和法律服务，锻炼志愿者的实践能力和服务水平，服务社区居民。二是以“12.4”为契机，作好法制宣传活动。“四五”普法规划确定每年12月4日为全国法制宣传日，这次四中全会《决定》又确定为国家宪法日。法援组织可以利用发放宣传单、签名活动、街头宣传咨询、法学论坛、文艺晚会等多种形式，开展丰富多彩的法制宣传教育活动，服务社会的同时，提高素质。三是以团中央组织的“三下乡”活动为契机，开展法律宣传下乡、法律咨询下乡、法律服务下乡活动。在法律援助的过程中，进行社会调查，了解农民、农村、农业，为他们提供服务。四是以校园为基础，将了解法律知识、维护自身权益作为宣传重点，重点进行依法治国意识、宪法意识、权利义务意识和依法办事意识的宣传教育，并强化职业法律方面的教育，努力提高大学生自身的法律素质。五是可以根据相关法律规定代理符合法律援助条例规定的案件，一方面，为弱者提供法律服务，另一方面，锻炼诉讼的相关能力。

第五，开展法律诊所教育活动。学生以真实的案件背景材料和真实的当事人为基础，通过办理案件设身处地的接触当事人；理解当事人的感受，学习接待当事人、提供咨询、谈判、起草法律文件等技巧；学习收集证据、发现和证明事实、进行法律思维等实务；在与现实的接触中，培养学生对法律问题的判断力和解决问题的方法与技巧，训练学生批判性、创造性地思考问题，加深学生对法律制度、法律知识、法律条文的理解，培养学生的责任心和职业道德。

法律诊所的教学中，教师引导学生围绕案件多角度、多层次地去思考问题，就难点、疑点向学生提出一系列问题，启发学生积极思考，使学生在分析讨论中加深对问题的理解。其教学方法包括互动式教学法、角色模拟教学法、大脑风暴教学法和案例教学法等。当然，法律诊所课程的教学方法不是单一的，它是多种方法的综合使用。

法律诊所教学一般分为课堂教学和实践教学两部分。课堂教学的内容包括访谈技巧、咨询技巧、谈判技巧、庭前准备工作、庭审技巧、法律文书写作、法律职业道德和社会责任感等，以角色扮演、分组讨论、技巧游戏等丰富多彩的方式开展。

以耶鲁法律诊所的教学内容为例，根据服务对象或内容所区分的“门诊”包括：青少年儿童诉讼支持；社区法律服务；房屋与社区发展；移民；房东和房客；法律协助；监狱；复杂联邦诉讼；立法倡议；国家安全诊所；人权诊所等等。各个“门诊”的教学内容均有不同的侧重点，但都会讲授如下内容：如何会见当事人、制作笔录、准备证据、审判案件、协商解决办法、起草文件和新的立法、参与商业交易、安排交易、对州和联邦法庭的诉讼请求进行争论。[1]

实践教学部分主要指导学生解决在具体案件的代理中遇到的问

〔1〕程洁：“耶鲁法学教育的近距离观察与体验”，载《法学》2006年第6期。

题。在实践教学部分，学生要亲自进行真实案件的咨询、代写法律文书，真实案件一般来源于法律援助中心接手的案件，最好选择那些在学校本地的、代表性强的、能够在开课学期内结案的，同时符合诊所性质和类型的案件，这样有利于课程的进行和学生的学习。

任何课程最终都要有成绩，法律诊所课程是一门全新的课程，是一种开放式的教学模式，对学生成绩的评定也不同于其他的课程。法律诊所课程的成绩评定主要包括，指导老师对学生的评价、学生对学生的评价、学生的自我评价等。评价可以书面进行，也可以口头进行，可以是一对一单独进行，也可以在课堂教学时集体进行，[1]最终由指导教师汇总这些评价，共同商定学生的成绩。

当然，上述所说的“三层次”实践教学模式，仍然是在传统模式基础上的修改与完善，仅仅是真正意义的创新实践教学培养模式的初级版。真正把法治知识当作实践性知识来学习与传授的实践教育培养模式，仍需要进一步探索与实践。

---

〔1〕 甄贞：“诊所法律教育评价体系若干问题研究”，载《环球法律评论》2005年第3期。

沐四中全会春风，展法学教育研究宏图

——法学教育研究与评估中心学习四中全会《决定》座谈会

◎ 王超奕 *

中国共产党第十八届中央委员会第四次全体会议，于2014年10月20日至23日在北京举行。全会听取和讨论了习近平受中央政治局委托所做的工作报告，审议通过了《中共中央关于全面推进依法治国若干重大问题的决定》。为了深入学习四中全会精神，中国政法大学法学教育研究与评估中心在曹义孙主任的组织下，集中进行了全会精神学习座谈会。结合法学教育研究工作的现状和未来发展，全体研究员都深受鼓舞，形成了一系列新的体会。

曹义孙教授主持了研讨会，他指出，一定要深入体会四中全会《决定》精神中的"法治"精髓，与这个精髓相联系的是，法学教育要承担人才培养的职责。实践未动，理论先行。法学教育的研究工作就一定要跟得

---

* 王超奕，女，中国政法大学法学院2014级博士研究生。中国政法大学法学教育研究与评估中心教师。

上，紧紧把握四中全会《决定》中对创新法学教育培养模式所提出的要求，形成有中国特色的法学理论体系、学科体系和课程体系。有针对性的展开研究，为未来法学教育政策的制定和执行进行基础性的理论研究，参与到法学教育政策的制定和执行中去，发挥中国政法大学在中国法学教育的领军作用，做好法学教育政策制定的理论智囊。

在曹义孙教授的指导下，全中心研究人员积极发言讨论，形成了有针对的体会意见。

梁文永副教授：中共十八届四中全会《关于全面推进依法治国重大问题决定》对法学教育的关注达到了前所未有的高度，我认为，《决定》对法学教育的影响主要体现在以下三点：

第一，必须将“法教育学”的研究纳入法学基础理论研究的范畴当中。法学教育是全面推进依法治国不可或缺的一个重要环节，要进一步认识到全面加强对法学教育的专门化研究的重要意义。法学家对法学教育的研究往往停留在法学教育教学方法等层面，对于法学教育的社会功能、政治功能和文化功能的研究还不够重视。截至目前，除了中国政法大学设置对法学教育进行专门研究的学术机构以外，全国尚无第二家以法学教育为专门研究对象的研究机构。这表明，长期以来法学界在对社会各个领域中法学专门问题的研究给予足够重视的同时，对法学教育及法学研究的自身研究的重视还远远不够，在不少学者眼中，甚至还存在将对法学教育自身发展的研究视为边缘研究，甚或认为对法学教育的研究不是正宗的法学研究范畴的认识偏见。中共四中全会的《决定》明确了法学教育在全面推进依法治国中的重要地位，我们应当认识到法学教育是依法治国的核心要素之一，从而全面加强对法学教育的研究，将法学教育学作为法学研究的一个重要领域来对待。

第二，必须将“中国特色社会主义法治理论体系”的问题研究列为法学重大理论研究的范围当中。《决定》提出，要“推动中国特色社会主义法治理论进教材进课堂进头脑，培养造就熟悉和坚持中国特色社会主义法治体系的法治人才及后备力量”，要落实这一目标，有必要首先做好“中国特色社会主义法治理论体系”的建构，没有完备的“中国特色社会社会主义法治理论体系”，“中国特色社会主义法治体系”就没有必备的理论支撑和智力支持。

第三，必须将“党规党法研究”吸收到法学教育与研究的理论体系、学科体系和课程体系的范围当中。四中全会《决定》提出，要“依照宪法法律治国理政，依照党内法规从严治党”，同时提出，《宪法》明确规定了中国共产党的执政地位。从这个意义上说，党规党法是全面推进依法治国重要的理论依托，是执政党以法治思维和法治方式处理党和国家关系的重要依据。应当承认一个事实，那就是在中国，中国共产党的党内法规已经构成一个相对独立的规范性文件体系，中国共产党的党内法规的实施已经是我国建设法治国家事实上的重要组成部分之一，作为一个在一定领域发挥着处理和规制社会关系的制度体系，中国共产党的党内法规已经在事实上起到了定纷止争的调整和协调社会关系的重要作用。因此，我们认为，正如经济学必须研究“真实世界的经济问题”一样，法学也必须研究“真实世界的法学问题”。中国特色的法学，是有关依法治国的系统化的知识体系，而党内法规是中国语境下不可或缺的依法治国的规范性文件的制度渊源，是有关依法治国的系统化知识体系的不可或缺的组成部分。因此，有必要全面加强对党内法规的法学教育和法学研究，开发科学、有效的有关党内法规的课程体系和学科体系，条件成熟时，应当将“中国共产党党内法规”作为一门核心课程，明确为法学院校的必修课之一。

刘晓楠副教授：对于《决定》，我认为应当继续加强在法律教育方面的研究，不断探索法律职业教育改革，培养更多优秀的法律人才。

习近平总书记在四中全会上对《决定》的说明中指出了法治队伍建设是全面推进依法治国的重要战略部署之一，强调了法律人才的重要性。不断探索更好的人才培养方式，培养更多优秀的法律人才，这也是我校贯彻落实四中全会精神的重要方面。在理论上，以往有诸多对法律人才教育培养方式的研究探讨，但大多是在法律界进行探讨，实践中发挥影响不大。在当前着重提出全面推进法治建设，建设法治队伍的基础上，全国形成了尊重法治的氛围。有两个方面可以努力，一是我们应集中总结探讨以往的研究，根据现实中的法律教育问题和人才需求，继续向国家提出并论证切实可行的法学教育改革方案，加强在教学模式、课程、教材、学制等方面的改革，例如我校的“同步实践教学模式”等。二是在社会上加强对法律教育问题的理性探讨。如前一段时间针对黄进校长在接受媒体采访时表示的，要完善法律职业准入制度，应推进司法考试的改革，引起了广泛争议。法律职业化基本是学界的共识，但引起的争议表明，在法律教育问题上我们可以探讨和实践的空间仍然很大，如对这一问题的争论就有助于阐明一些事实，应继续努力，形成共识。

司法考试是法律职业共同体选拔合格人才的考试，是一个国家法律职业准入制度的体现，法律的严肃性和法治的重要性要求司法考试必须有严格、科学和规范的管理体制和立法依据，维护考试活动的公平、公正和考试结果的有效可靠。国家统一司法考试制度作为我国法律所确定的新的统一的法律职业准入标准，作为保障我国司法公正的一项基础性制度，是国家司法制度的重要内容和基础环节，其确立并实施是我国全面推进依法治国，建设社会主义法治国家的必然要求，不仅为建设我国高素质的司法队伍和律师队伍提供了重要的制度保障，同时对于确保司法公正和效率，对于推进我国司法制度的进一步改革和完善，推进依法治国进程乃至整个社会文明和进步都将产生积极的影响。法律职业是一种专业性很强的行业，有自己独特的行业语言和思维方式。法律职业者必须具备基本相同的教育背景、知识结构和法律理念，使用行业语言，运用行业思维，这样才能形成良性互动和有效的交流。统一司法考试制度使法官、检察官、律师的法律职业资格产生于统一标准，从而使未来的法律职业者具备了最基本一致的法律知识背景和知识结构，这样今后他们在面对实际生活中的法律问题时，就能够具有类似的认识水平，彼此之间更容易交流、沟通和理解，从而有助于三者形成法律共同体。

李慧敏副教授：以“法治”为中心的十八届四中全会刚刚结束，全会通过的《中共中央关于全面推进依法治国若干问题的重大决定》全面规划了建设社会主义法治体系的蓝图，彰显了以习近平总书记为核心的党中央带领全中国人民雷厉风行地深化改革，建设社会主义法治国家的决心和实力。中国的法治建设迎来了春天，全会的胜利召开和闭幕为中国的法学教育提供了前所未有的机遇，也为中国法学教育的可持续大发展提出了较之以前更严格的要求和挑战。深刻学习领会践行党的十八届四中全会精神，努力搞好社会主义法治建设，不断推进中国法学教育的良性可持续发展是我们法学教育面临机遇，迎接挑战的自主选择。

我觉得要关注《决定》中这几句话：“全面推进依法治国，必须大力提高法治工作队伍思想政治素质、业务工作能力、职业道德水准，着力建设一支忠于党、忠于国家、忠于人民、忠于法律的社会主义法治工作队伍。”为此，就法学教育而言，要“创新法治人才培养机制，形成完善的中国特色社会主义法学理论体系、学科体系、课程体系，推动中国特色社会主义法治理论进教材进课堂进头脑，培养造就熟悉和坚持中国特色社会主义法治体系的法治人才及后备力量。”这就要求我们的法学教育需要有自己的自信，任何一个国家的法学教育都有自己的发展背景和特色，照抄照搬他国经验不会收到好效果。《晏子春秋》中说：“橘生淮南则为橘，生于淮北则为枳，叶徒相似，其实味不同。所以然者何？水土异也。”中国有几千年的文明历史，有自己深厚的文化底蕴，只能走中国特色的社会主义道路，我们的法学教育所要培养的是忠于我们自己国家的法律职业者，而不是某些其他国家的代言人；我们的法学教育所要培养的是德才兼备、德以配位的法律职业者和法学研究者，而不是拿人钱财就替人消灾的讼棍；我们的法学教育所要培养的是维护社会公平和正义的良好公民，而不是因为熟知法律就利用法律的特殊行业者。因而，有必要将中国的传统文化中的精髓纳入法学教育的课程体系中，让学生在法学必修课的学习之外，还能获得传统文化中优秀的传统美德的滋养。培养学生深厚德性的法学教育才能更好地真正全面推进我们的依法治国方略的实施。

中国特色社会主义法律的真正执行，中国特色社会主义法治国家的最终建设和实现，不在于法律条文的刚性，而在于人们内心对社会主义法律、法治的真正认同和积极践行；不在于他律，而在于自律。这是我们法学教育应该花大力气努力践行之处。

“天行健，君子以自强不息”，愿我们的法学教育能在十八届四中全会的东风下绽放出瑰丽的光彩。

胡晓进副教授：法治教育是增强法治信仰、建设法治国家的必由之路

读完《决定》，最大地感受是法律的权威源自人民的内心拥护和真诚信仰。人民权益要靠法律保障，法律权威要靠人民维护。必须弘扬社会主义法治精神，建设社会主义法治文化，增强全社会厉行法治的积极性和主动性，形成守法光荣、违法可耻的社会氛围，使全体人民都成为社会主义法治的忠实崇尚者、自觉遵守者、坚定捍卫者。为此，必须“把法治教育纳入国民教育体系，从青少年抓起，在中小学设立法治知识课程”。“健全普法宣传教育机制，……把法治教育纳入精神文明创建内容。”

这段话深刻揭示了法律权威与法律信仰、法律信仰与法治精神、法治精神与法治文化、法治文化与法治意识、法治意识与法治教育几组概念之间的关系。西谚有云：法律必须被信仰，否则形同虚设。很明显，法律的权威，来自民众的法律信仰。民众为何愿意信仰法律，因为法律能够保障自己的权益，能够维护自己的切身利益。只要人人都能从现存法律中获益（至少不受害），就不难在全社会形成尊重法律的法治精神，形成法律至上的法治文化。如果每个人都能具备这种法治精神，尊重这样的法治文

化，就不难建成真正的法治社会。

与此同时，我国台湾地区“司法院”优遇大法官、台湾大学法律学院名誉教授王泽鉴在“海峡两岸司法改革与法治治理高端对话”的主题发言中明确提出，法律教育强则法强，法律教育弱则法弱。王泽鉴先生认为，法律教育的主要功能有四点：一是培养法律人独立的人格；二是要有法律的信念；三是要有一般人文素养和社会关怀；四是要有法律专业知识，这样的人才能健全司法，长远看才能便民，服务人民，促进法治建设。

王先生的这段发言，也提出要通过法学教育，培养法律信念、人文素养与专业知识。由此可见，法学教育在建设法治国家过程中的重要地位。要培养法治信仰、建设法治国家，法学教育可谓不可或缺的桥梁与纽带。

法学院是进行法学教育、培养法律信念、养成法治信仰的重要渠道。法学院的质量，决定着法学教育的质量，关系着法治国家的成败。为此，王先生特别提出，法律教育的质量，应该由实务界来评判。“让法院来评鉴学院”，评鉴法学院办学质量时，除了邀请国内外的教授，还一定要请国内的法官和律师，这就像是法学院在生产“商品”，要让“消费者”（法官、律师）来评价它有没有符合市场的期待。

创新法治人才培养机制，同样也是此次四中全会“全面推进依法治国若干重大问题的决定”中的重要内容。《决定》提出，要健全政法部门和法学院校、法学研究机构人员双向交流机制，实施高校和法治工作部门人员互聘计划，重点打造一支政治立场坚定、理论功底深厚、熟悉中国国情的高水平法学家和专家团队，建设高素质学术带头人、骨干教师、专兼职教师队伍。就是为了打通法学教育与法治工作部门、法学院与实务界之间的隔阂，造就具有社会主义法治理念的法治工作者。

尹超老师：我觉得有一点需要注意，这是党的历史上首次将“依法治国”作为中央全会的讨论专题。《决定》展现了全面推进依法治国的新思想、新要求和新举措，明确要在经济、政治、文化、社会、生态各方面的良心发展中更好地发挥法治的引领和示范作用。然而，依法治国的全面推进离不开建设一支具有较高思想政治素质、业务工作能力、职业道德水准的法治工作队伍。这就对高校法治人才的培养提出了新的要求，也为法学教育的发展和研究提供了新的契机。

1. 法治人才的正规化、专业化。《决定》明确提出要坚持依法治国、依法执政、依法行政共同推进，坚持法治国家、法治政府、法治社会一体建设，实现科学立法、严格执法、公正司法、全民守法，促进国家治理体系和治理能力现代化；推进在立法、执法、司法各领域的法治专门队伍正规化、专业化、职业化。这就为高校法治人才的培养指明了新的方向。也就是说，高校法学教育应该适应依法治国的实际需要，培养正规化、专业化、职业化的法治人才。虽然目前要求各领域从事法治工作的人才都要具有专业的法学教育背景还有一定难度，但是这是法治人才的正规化、专业化、职业化的必然要求，这也是高校法学教育在依法治国中的战略重任。

2. 全会提出，全面推进依法治国，必须大力提高法治工作队伍思想政治素质、业务工作能力、职业道德水准，着力建设一支忠于党、忠于国家、忠于人民、忠于法律的社会主义法治工作队伍。在此，依法治国从思想政治、业务能力和职业道德等方面对法治人才提出了全面的素质要求。目前，高校法学教育中的职业道德教育一直是一个薄弱环节，也是亟需改进的重要环节。因此，加强法治人才的职业道德教育是适应依法治国的直接需要，因而也是法学教育发展改革的重要方向。

3. 全会提出，要创新法治人才培养机制，形成完善的中国特色社会主义法学理论体系、学科体系、课程体系。同时，全会还指出，推动全社会树立法治意识，深入开展法治宣传教育，把法治教育纳入国民教育体系和精神文明创建内容。依法治国不仅需要立法、执法、司法等各领域的法治人才，还需要深入开展法治宣传教育的人才。因此，创新法治人才培养机制就不能仅仅着眼于传统的立法、执法、司法人才的培养，还要进一步适应依法治国的现实需要，拓展和细化学科体系和课程体系，把法教育学（或者法治教育学）发展为独立的学科，以满足各层次法治人才的培养需要。

刘坤轮副教授：四中全会《决定》的颁布，对于中国的法学教育来说，是一次巨大的机遇，也是一次巨大的挑战。对于中心学人来说，也同样如此。我认为，我们中心要紧跟时代精神，坚持以理论与政策研究为基础，以促进法学教育相关政策的制度创新为龙头，以推动夯实法学教育条件建设为手段，以协调法学教育模式改革为支撑，以质量监控与管理为抓手，发挥教育部直属专家咨询机构的组织优势，积极协助主管部门推进法学教育各项具体制度的改革。具体执行四中全会《决定》中关于法学教育改革的工作内容，研究如何完善中国特色社会主义法学理论体系、学科体系、课程体系，具体组织编写和全面采用国家统一的法律类专业核心教材，具体推动统一教材内容纳入司法考试必考范围。具体组织推动推动中国特色社会主义法治理论进教材进课堂进头脑，推动法学教育者立德树人、德育为先导向。具体来说，我们可以从如下五个工作入手：

1. 制定法学教育标准。以四中全会决定为契机，以自身科研力量为依托，推动各级各类法学教育标准的通过和执行，目前本中心参与制定的《法学本科专业类教学质量国家标准》已经基本通过，并获得认同。随着四中全会的召开，一系列新的标准要求将会出现，我中心应及时跟进各类标准的制定需求，推动制定各级各类法学教育标准，并在适当的时候，建立法学院校的退出标准。

2. 推动完善法学理论体系。中国特色社会主义法学理论体系的完善要以理论学科为依托，我中心要依托教育部高等学校法学类专业教学指导委员会秘书处，积极规划法学教育的学科体系。积极建立起主干分明、脉络清晰、主副清晰的社会主义法学理论体系。

3. 推动完善课程体系。中国特色社会主义法学课程体系是培养具有社会主义法治理念人才的关键，法学教育的课程体系的构成和设置直接决定着未来的法学教育人才的品质。我中心应充分研究国内外法学教育的课程体系，在此基础上，结合中国国情，逐步推进完成中国特色社会主义学科体系，回应中国依法治国的时代呼应。

4. 召集法学教育专门会议。我中心应本着国外国内交流并重的原则，推动召集国际性法学教育会议和全国法学教育工作会议。在国际社会中，积极推动支持中外法学院校之间交流，推动国内外法学院校间学生互换、学分互认、学位互授联授等工作。在国内层面，召集全国性法学教育会议。邀请立法机关、政法部门、司法机关、政府法制部门及各有关执法机关等全社会多个法治建设相关部门广泛参与，共同探讨中国法制建设与法学教育实践重大理论与政策问题；推动各相关部门凝聚共识，协同创新，研制全国法学教育发展规划。

5. 推动法学教育的评估体系建设。我中心应积极推动制定各层次法学教育法学教育质量评估标准体系，推动组织高等学校法学类专业质量评估标准体系的制定，适时组织对高等学校法学类专业教育进行质量评估，以此确定法学教育的退出机制，推动法学教育的正规化、职业化和精英化。